讀書管見

元·王充耘 撰

中國書店

詳校官御史臣莫瞻菉

臣紀昀覆勘

欽定四庫全書　　經部二

讀書管見　　書類

提要

臣等謹案讀書管見二卷元王充耘撰充耘字耕野以書義登進士二甲授承務郎同知永新州事後棄官養母著書以授徒乃成是編自宋末迄元言書者率宗蔡氏充耘所說皆與蔡氏多異同䂓其辨傳授心法一條可

知其戛然自别矣其中如謂堯典乃舜典之緣起本為一篇故曰虞書謂象以典刑為仍象其罪而加之非垂象之意謂逆河以海潮逆入而得名皆非故為異説者至於洪範錯簡之説伊訓改正不改月之辨尚未能糾正而所附周不改月惟魯史改月一條尤為強詞分别觀之棄短取長可也又禹貢篇内嶧陽孤桐一條語不可解原跋稱此書得之西

臯王氏寫者草草其末尤甚此條疑當時訛
脱令無從是正矣乾隆四十九年三月恭校
上
總纂官臣紀昀臣陸錫熊臣孫士毅
總校官臣陸費墀

欽定四庫全書

讀書管見卷上

元　王充耘　撰

堯典

堯典謂之虞書

傳云或以為孔子定堯典為虞書蓋非孔子不能定也何以明之堯典紀堯之事甚畧其始皆作書備稱頌賛之辭中間不過分命羲和作歷一事自疇咨若時登庸

以下又皆為禪舜張本堯在位七十載其可紀者獨此事乎若舜則自側微登庸攝政即位涖政命官以至其死備載於篇以此見堯典不過舜典之起頭耳伏生以舜典合堯典此正古書本是一篇之證也如此則此為舜而作不為堯而作安得不謂之虞書乎傳者云因作於虞史而為虞書非的論也費誓秦誓豈作於周史乎舜典作於夏史何以不曰夏書乎

九族既睦

既字當訓作盡字如既月之既言無一人不親睦也

欽若昊天歷象日月星辰敬授人時

欽若昊天歷象日月星辰當作一句讀與敬授人時作對蓋日月星辰即所以為天其行度有遲速莫不出乎天然測候者當謹順之而已不可妄為穿鑿也

分命四仲

分命仲叔四節傳者謂歷既成而分職須布且考驗之者非也上文歷象授時者總語以大綱此下方詳告以

其故也賓日是歷象日星鳥是歷象星以殷仲春卻是授人時餘三節放此然此四節是正四時乃作歷之常道別有活法存焉所謂活法者置閏是也故有閏方能定四時成歲不然則前所謂春者非春夏者非夏矣若謂歷既成而須布則置閏豈當在須歷之後乎

疇咨若時登庸

疇咨若時登庸與疇咨若予采作書者變文言之職任初無大小蓋堯之所訪欲得可禪代之人而用之故一

浴而得丹朱再浴而得共工三問而得鯀皆不勝任至舜然後稱所舉焉故前三節皆為禪舜張本職任那得有大小邪

堯禪舜

堯欲得可禪之人而放齊舉帝子朱盍父有天下傳之予比親親之常道丹朱不稱然後驩兜舉共工而云方鳩僝功蓋以為親者不足取則莫若視有功者與之尚功次於尚親故也共工以靜言庸違棄則因洪水而曰

有能俾乂讓于四岳則否德蓋功不足取則尚能能不足取則尚德尚德以為傳賢者有德故也然尚親尚功尚能皆不及舜惟尚德而後舜不得辭焉蓋舜雖側微而其聲實已孚於上下堯固已心擬之矣然草茅微賤無因而至前固雖加訪而衆論之所舉者皆通顯在位及其有揚側陋之命而衆始舉之此見聖人作事周密授舜雖出乎己意而舉舜必待於衆言蓋舉天下授之匹夫非詢謀僉同未有不基禍亂者子之子噲是也

堯試舜

堯欲試舜獨不可使臣下妻之以女而妻以己二女何哉蓋道不出乎五倫其處父母兄弟則善矣未知其處妻妾何如也故復以此試之夫身不行道不行於妻子況以匹夫而妻帝女又且二人焉比其難處有甚於頑父嚚母傲弟者於此而能使之和洽焉則推之天下無難處之事矣凡人處順境易處逆境難堯蓋恐以逆境覘之也

舜典

舜典與堯典本合為一篇篇首二十八字蓋後人偽增也故其文上下皆不相蒙

重華協于帝

重華協于帝一句是總言下文是申說濬哲文明温恭允塞是以八字贊舜之四德故云重華與欽明文思齊聖廣淵嶷柔懿恭聰明齊聖之類皆以一字為義者不同下文玄德升聞乃命以位此協于帝之實也蓋非謂

其光華可合於堯言其德有契乎堯之心不然何故命以職位也此是古文尚書手筆如所謂允德協于下亦然下文實之以予惠困窮民服厥命罔有不悅益予惠即所以為允德民無不悅即所以為協下也

慎徽五典

慎徽五典五典克從非是為司徒蓋此兩句接連試以二女之文通上文父母兄弟妻妾而言舜能使瞽叟底豫象不格姦二女協和家道雍睦是舜能慎徽五典而

五典克從者也蓋人道不出乎五常居家理則治可移於官矣納于百揆百揆非一官也即後面九官之事以其為事不一故云百揆耳司徒固在其中也堯以朝廷之事悉委諸舜是納于百揆也舜任賢使能而無事不理是百揆時敘也堯以統御諸侯責之舜舜委任四岳得其人是賓于四門而四門穆穆也蓋堯知有舜而已舜自擇岳牧九官與共事及其成功則固舜之功也

詢事考言乃言底可績至舜讓于德弗嗣

詢事考言言可厎績則堯初得舜亦必使敷奏以言然後歷試以功但其言不可考耳舜讓于德弗嗣傳引後說為優若云讓于有德之人而弗嗣則不應即以受終繼其後

受終文祖齊七政至類上帝輯五瑞

舜以正月朔日受終即觀象祭告然後會諸侯先神後人其序自當如此然以事理推之新君攝位重事也四岳必先期徧告於諸侯諸侯必豫期會集於京師以受

命於新主故云既月乃日覲岳收頒瑞羣后蓋既近月終乃以一日受朝賀之禮即散遣諸侯至二月則東巡狩矣輯五瑞雖言於祭告之後蓋作文序事不得不爾然豈待此時而後發命徵名邪豫期名集一日受朝以後世大聚會朝賀推之可見豈有以一人之尊而逐日與諸侯相見以盡詢察禮意則為其上者不亦勞乎

修五禮五玉三帛二生一死

此仍舊文為是傳者欲移置肆覲東后之下恐未然蓋

聖人巡守所至之處祀神祇朝諸侯考正朔同制度正禮樂使諸侯不得變易禮樂改制度耳故舜典所紀皆其大凡未暇及其細碎若東后執贄之物悉書於冊則當時柴望祭告籩豆鼎俎之類何不亦紀之乎

格于藝祖

文即藝藝即文故藝祖即文祖非二人也作書者變文言之耳

敷奏以言

奏言試功旌以車服此特總叙聖人統攝諸侯之道非必並用於來朝之時也古者三載考績豈得言下即考其功且試以事功亦非考功之謂也

象以典刑

象非如天之垂象以示人葢罪有小大故刑有輕重刑所以倣象其罪而加之耳

象以典刑一段是立格例流共工一段是斷例

舜受終之後觀象以齊七政是整齊天時祭告是交神

明朝覲巡守是整齊人事封山濬川是理地道末後至制刑用法而終焉見舜自得位之後天地神人之事一切經理皆遍其規模廣大綜理周密真所謂上下與天地同流豈曰小補之哉

詢于四岳

詢于四岳非謀治於四岳之官益洛詢皆命官之辭作書者變文錯綜用字耳下文闢四門明四目達四聰即四岳職事益四岳統四方諸侯其來各以方至故當闢

四門以接之敷奏以言聽之者四岳也明試以功察之者四岳也故當明四目達四聰不然則察於東而昧於西詳於南而畧於北矣若以詢四岳非命四岳以職事則後面總命二十二人無乃欠一人乎

奮庸熈載使宅百揆

舜即帝位則天下事功何乃欲求宅百揆以熈帝之載葢作書者紀其命官之辭於即位之後而其咨命實在登庸之時其時堯為天子而舜執政故也且舜欲得人

以宅百揆而衆推禹為司空則司空以下百揆也不然則自后稷以下皆有所命之職業而百揆獨無職守何邪傳謂禹以司空兼百揆經無兼官明文其所命不過曰汝平水土其與汝后稷播時百穀汝作司徒敷五教汝作士汝共工何以異哉葢為治莫先於平水土以定民居其次播百穀以足食敷五教以成性明五刑以察姦作什器以利用其餘功及於草木鳥獸使亦得以遂其性然後節之以伯夷之禮和之以后夔之樂而終之

納言以杜讒邪以相與保治功於無窮而已是此九官所職者不一所以名之為百揆也豈於九官之外他有百揆者乎堯納舜於百揆而揆叙即此九官各稱其職之效也傳者以為舜即位而命官故禹稷契皐陶之命有所不通則以禹為司空兼百揆餘三人不咨而命者申命舊職其他咨於衆而後命者為新命之官益烈山澤與禹治水同時故禹自言曁益奏庶鮮食令益作朕虞咨諸衆而後命豈亦申命舊職邪稷契皐陶既久在

位而黎民之阻饑蠻夷之猾夏五品之不遜自若乃猶申命使仍其職果何取於此三人邪

垂讓殳戕伯與益讓朱虎熊羆其下皆云汝諧

傳引史記云朱虎熊羆為益佐則殳戕伯與亦當為垂佐意謂汝諧者使共此職非也禹讓稷契臯陶而用稷契臯陶伯夷讓夔龍而用夔龍故皆不言汝諧是聽其讓也益讓朱虎熊羆而未嘗用朱虎熊羆垂讓殳戕伯與而未嘗用殳戕伯與故各言汝諧言惟汝可以宜此職

爾他人不能也泛言咨四岳證以堯典疇咨可見

典三禮

禮有五經莫重於祭故五禮以吉禮居先舜命伯夷典禮而止言三禮蓋舉其重者言之耳

典樂

詩言志至律和聲是語以作樂之曲折八音克諧至神人以和是期以樂和之效驗聲依永謂以輕重清濁分為五聲而永言之歌方有所依據蓋以五聲足以括盡

人聲之高下也

咨二十二人至分北三苗

欽哉惟時亮天工是語言之告戒考績黜陟是法制之維持庶績咸熙是陟明之效分北三苗是黜幽之效蓋二十二人皆有功可陟其不即工而可黜者僅三苗而已

舜陟方乃死

陟方乃死為巡守而死之說為是以後面周公敎成王

以詰戎兵陟禹跡推之可見蓋欲成王整黠六師巡守方國則以陟方為巡守何疑

大禹謨

文命敷于四海

文命敷于四海一句是總贊大禹猶贊堯而曰放勲贊舜而曰重華協于帝祗承于帝曰所以起下文與上文不相屬若云禹旣已布其文教於四海矣又能陳其謨以敬承於舜則誤矣

嘉言罔攸伏

嘉言罔攸伏野無遺賢萬邦咸寧三句是已然之效稽于衆以下方是本夫言之所以伏而不違者以上多自是而不肯咨詢於人賢之所以有遺於野者以困窮而無勢援者不得進用萬邦之所以不能皆安者以鰥寡無告之失職耳有能稽于衆而又舍己從人則善言豈有隱而不聞者宜其無所伏也能不廢困窮則未至於困窮者可知矣宜賢才之無遺也能不虐無告則未至

於無告者可知矣宜萬邦之咸寧也然而比豈易能哉非聖人不能及也故曰惟帝時克

儆戒無虞

益曰吁戒哉儆戒無虞一句是總言下面曰罔曰無曰勿皆是備言其戒懼之條目末後四夷來王一句却是極言其效驗百志惟熙凡百所向必要光明俊偉慎勿畢闇汙濁亦條目中之一也蓋大者可以枚舉故一句說一事小者不可悉數則以無怠無荒總之怠以心言

欲其無一念而不戒飭也荒以事言欲其無一事而不戒飭也

戒之用休

戒之用休是誘之以賞也董之用威是懼之以刑也勸之以九歌和之以樂也三者並用所以能使治功久而不壞也

禹讓皐陶

舜有臣五人而天下治舜讓天下於禹而禹獨讓之皐

陶而不及益稷契何也有虞之朝教養萬民而納之於善者禹之功糾之以刑而驅天下之人使為善者臯陶之功禹則啟其為善之途順而導之也臯陶則閑其為惡之路逆而驅之也二者相須其功相埒故禹自以己之功德不及臯陶而欲舉天下讓之臯陶焉其實臯陶之功安能勝禹使禹功未叙刑將安施若益稷契則皆佐禹以成功益同功一體之人也己為首既自以為無功矣若推其佐則己又安得以無功而辭

舜禪禹

堯欲得可禪代者衆因各以所知為薦或欲尚親則舉丹朱或欲尚功則舉共工或欲尚能則舉鯀至尚賢而後舉舜舜讓禹則不待人言而言惟汝賢則尚賢無賢於禹者矣不矜而人莫與爭能不伐而人莫與爭功則尚功尚能又無有過禹者矣故曰天之歷數在爾躬蓋因人事以知之也

精一執中

惟精惟一兩惟字乃其用功之方精與一蓋其效驗猶視遠惟明聽德惟聰其工夫全在思惟上明與聰非用功之謂也至於允執則猶中庸固執然確然執之而不採奪正其用功所在若謂信能執其中則是稱美之辭而非戒勉之意堯告舜以允執厥中豈亦是稱美其信能執中也邪況下文所謂勿聽勿庸曰欽哉慎乃有位敬修可願無非敎其用力持守而所謂中者豈真有高遠難行之事非聖人不可企及邪今恒言俗語於事當

其可者則謂之中其不可者則謂之不中雖愚夫愚婦皆能言之又何有傳授心法之祕哉

枚卜功臣

禹欲枚卜功臣而從其吉帝則以為卜以決疑不疑何卜令人謀既順則鬼謀無不合矣故曰鬼神其依其者必之於將然之辭也所謂卜不習吉者言縱使卜之亦必汝吉無第二人再吉者蓋以此杜其枚卜之言耳而非謂已嘗卜吉也若已嘗卜禹安得又有枚卜之說乎

禹征苗

三旬苗民逆命言兵力服人之難也七旬苗格言德化感人之速也夫以兵力服人宜如摧枯拉朽然朝至而夕服矣而遷延一月更一晦朔天道既一小變而猶未服何其服人之難以德化人宜若恍惚汗漫而不可以歲月計功也然僅七旬而有苗來格蓋不逾時而屈伏焉何其服人之易也

禹之征苗雖曰奉辭伐罪既數苗之非則必矜己之是

猶未免有自滿之意此苗所以不服也故益勸之使還兵而增修德教庶幾不戰而屈人所謂謙受益也禹從其言而班師舜感其言而大敷文德但知舞干羽于兩階而不復謀動干戈於遠國置有苗於度外而彼自來格焉於此見德如帝舜而猶未嘗有自足之心而恃威武以屈人誠不若德化感人之易也若曰舜之德不自禹班師而始數苗之格非以舞干羽而後至其來也適當其時則益之言為空言而聖人以德服人之實

索然矣況上言舞干羽而下言七旬來格安見有苗之來適當奏舞之時邪

堯舜禹禪授

堯授舜舜授禹皆使之真即帝位而自己退閒猶後世以天下授之子而已稱太上皇耳而說者謂堯舜仍為天子國有大事猶稟命焉蓋執孟子答咸丘蒙之說以為據耳今以書考之乃殊不然舜既受終祖廟祭告神祇又朝會諸侯巡守方岳是已正名為天下君矣而堯

仍為天子於上世豈有二天子邪使舜仍北面於堯而就臣位則不知祭告神祇當以何者為稱呼而朝覲諸侯之際將南面以君禮見邪抑猶與諸侯比肩而北面也邪

禹謨古文之辨

禹謨一篇出於孔壁深有可疑蓋禹與皋陶舜三人荅辭自具見於皋陶謨益稷篇中如予思日孜孜帝慎乃在位比即禹所陳之謨矣安得又有大禹謨一篇且堯

典舜典雖紀事不一而先後布置皆有次序臯陶益稷雖各自陳說而首尾答問一一相照獨禹謨一篇雜亂無叙其間只如益贊堯一段安得為謨舜讓禹一段當名之以典禹征苗一段當名之以誓今皆混而為一名之曰謨殊與餘篇體製不類又說者以征苗為攝位後事謂其禀舜之命而其末有禹班師振旅帝乃誕敷文德一語夫舜以耄期倦勤而授禹禹安得舍朝廷之事而親征有苗舜又安能以耄期之餘而誕敷文德必勵

精為治克己布政使所為有加於前方可名曰誕敷恐非老年之所能果能之則不必授禹矣故嘗謂禹謨必漢儒傅會之書其征苗之事亦不可信

傳授心法之辨

堯命舜允執其中其説見於論語今推其意若曰咨爾舜天之歷數在爾躬者言已之禪位出於天非有所私於汝也允執其中猶言汝好為之凡不中之事慎不可為也四海困窮天祿永終言若所為不中而致百姓困

窮則汝亦休矣蓋古人授人以職位必有警飭之辭如舜命九官皆勉以欽哉之類欲其知所戒慎而不敢縱恣云耳大舜聖人也豈有蹈不中以亡天下然古人撫業自持日慎一日訓飭之語觀禹戒舜以無若丹朱好慢游作傲虐則堯之戒舜豈其過哉

中士呼事之當其可者謂之中其不可者謂之不中於物之好惡人之賢不肖皆以中與不中目之孟子所謂中也養不中才也養不才即是指人之賢不肖言之也

其所謂中不中猶南方人言可與不可好與不好耳蓋其常言俗語雖小夫賤隸皆能言之初無所謂深玄高妙也傳者不察其中為一方言遂以為此聖賢傳授心法也矣夫所謂心法者蓋言治心之法耳其意以為人能操存制伏此心使之無過不及然後能治天下故聖賢以此相授受其說固若有理且足以醒人耳目然初學之士於道未知向方必有先知先覺之士為之開示蘊奥則可舜自側微以至徵庸觀其居家則能化頑嚚

傲很者使不為奸命以職位則能使百揆時叙而四門穆穆過者化存者神治天下如運諸掌斯時益未聞執中之旨也而所為已如此豈其冥行罔覺邪抑天質粹美而暗合道妙邪迨即位而後得聞心法之要則其年已六十矣然自授受之後未聞其行事有大異於前日者是堯之所傳不足為舜損益也舜生三十徵庸即命禹治水則禹生後舜不過十餘年耳舜耄期而後授禹則且八九十矣使禹果可聞道及此而後語之不亦晚

乎且舜之稱禹以克勤克儉不矜不伐而禹所陳克艱之謨所論養民之政皆判然於理欲之閒而其言無纖豪過差者此豈猶昧於人心道心而行事不免有過不及之失者必待帝舜告語而後悟邪方其未聞也其心不見有所損及其既聞也其心不見有所益則謂此為傳授心法者吾未敢以為然也仲虺告湯以建中于民成王告蔡仲以率自中無作聰明亂舊章成湯聖王蔡仲賢臣猶或可以與比盤庚告羣臣以各設中于乃心

盤庚之臣皆傲上從康總于貨寶者亦得與聞心法之訓何邪葢嘗論之堯之告舜僅曰允執厥中而舜亦以命禹則其辭一而已當無所增損也禹謨出於孔壁後人附會竊取魯論堯曰篇載記而增益之析四句為三段而於允執其中之上妄增人心道心等語傳者不悟其僞而以為實然於是有傳心法之論且以為禹之資不及舜必益以三言然後喻幾於可笑葢皆為古文所誤耳固無足怪也不特此也孔子告顏子以非禮勿視

聽言動蓋教學者不得不爾而亦以為傳授心法切要之言非顏子之明健不得聞不知令之教者於初學之士動作不循禮度者將禁制之使不為乎抑姑聽之待其至顏子地位而後約之以禮也是其為說固有所不通耳孟子叙堯舜至於孔子以為見而知之韓昌黎謂堯傳之舜舜傳之禹湯文武周公孔子者皆言其聖聖相承其行事出於一律若其轉相付授然耳豈真有所謂口傳面命邪道者衆人公共之物雖愚不肖可以與

知能行而謂聖人私以相授者妄也湯文孔子相去數
百歲果如何以傳授也邪若謂其可傳則與釋氏之傳
法傳衣鉢者無以異恐聖人之所謂道者不如是也孔
子告曾子以吾道一貫此亦尋常之語言而令人亦推
崇以為其師弟子密相授受而以為曾子得一貫之妙
且以一與貫字相為對待而訓釋之如此為一如此為
貫皆不成文理何以知之以曾子告門人以夫子之道
忠恕而已矣知之也蓋夫子恐曾子以為己之道施於

已是一般施之人又是一般不知聖人之道退則修已出則治人成己為忠成物為恕人己雖有不同而道則安有二致故曰吾道一以貫之門人不喻其意而曾子曉之曰夫子之道忠恕而已矣蓋即其實以曉之知忠恕出於一致則知夫子之道果是一以貫之矣此與子貢論多學而識而告以予一以貫之者語意不同此則言我之道是人已一貫彼則言余之於學非多學而識乃一以貫之猶所謂通於一而萬事畢云爾

皐陶謨

無教逸欲有邦至敬哉有土

無教逸欲而兢業萬幾言當勵精圖治無曠庶官言當任賢使能惇典庸禮是用之以教化命德討罪是輔之以賞罰以民之視聽好惡為天之聰明明威是存心敬畏如此安民而民不得其所者未之有也楊氏謂天叙有典而下為安民之事者非

思曰贊贊襄哉

傳者謂思曰之曰當作日以益稷篇有思日孜孜之語故也然作曰者是而作日者非蓋皐陶純乎臣道故言自云有功則吾豈敢吾所思者亦曰助君以成功耳若云思日孜孜則不成文理且無意義

益稷

帝曰來禹汝亦昌言

皐陶陳謨已竟帝呼禹使言禹謂予何所言所思者日孜孜而已猶所謂為治不在多言顧力行何如耳故皐

陶有如何之間而禹遂有治水之陳其意以為當洪水橫流之時空言無施雖切何補是故予乘四載隨山刊木決九州濬畎澮播艱食奏鮮食懋遷化居然後烝民得以粒食萬邦遂爾作乂此豈空言所能辦邪要非孜孜不可此予之所以欲無言也皐陶自以其所見之不逮故云師汝昌言傳者謂禹述其治水本末而譬戒之意實存其間蓋欲君臣勉力以保治功恐經文原無此意艱食者用人力播種而後得之其得之也難非如鳥

獸蟲魚自然生長也故以彼為鮮食此為艱食

安汝止

人主之患在於輕舉妄動故當安汝止以惟幾惟康葢平其心以慮其事之始終庶幾其無失也然猶恐有遺慮其輔弼之臣又直道以匡正之旣内謀諸心又外謀諸御士宜無過舉矣然猶未也又思動而有為要足以大應天下傒望之志而後可葢上兩句是慮善以動下一句是動惟厥時事雖善而動不適時猶無益也人君

舉動如此可謂慎之至矣以此昭受上帝天寧不申命用休乎其應固可必矣所謂汝則從卿士從庶民從是之謂大同身其康强子孫其逢吉者此之謂也

禹曰都帝慎乃在位至帝曰吁臣哉隣哉

禹陳謨則言帝慎乃在位以歸重於君舜陳謨則曰臣哉隣哉以倚重其臣意各有所主也

臣作朕股肱耳目

予欲左右有民是言敎宣力四方是言政觀象作服是

制禮審音出納五言是作樂四者為治之大要也帝欲觀古人象日月星辰之類以制衣象宗彝之類以作服是象乃倣像之象非物象之象也蓋象字不可為句斷若云物象則何得云古人之象

六律五聲八音皆作樂之具不可便以為樂律有長短聲有清濁音有哀樂作樂者必先審較乎此以觀其果治世之音歟抑亂世之音歟然後以之出納五言則奏曲譜而成樂矣猶今人彈琴瑟者必先調弦故其所謂

在治忽者乃審音之治忽而非審政之治忽也若云察政治之得失如何把去出納五言

庶頑讒説

庶頑讒説俟以明之小人與君子雜處其頑讒之態度不彰則其心不知愧恥故以射侯明之射而不中則德不若人為可恥矣明之以射侯而猶不知愧則從而撻之撻之辱甚於射也撻之而不悛則識其過惡於簡册蓋撻之辱僅見於一時而簡書之紀載將遺臭於無已

其辱又甚矣若此者豈憎惡其人哉蓋盛世皆為善之人而為惡者無以自容非誅殺則流竄能全其生者寡矣故聖人用此以激勵而教之使知遷善庶幾得以並生於天地之間也不然恐不得保其首領矣

工以納言

工以納言時而颺之格則承之庸之否則威之古者以樂教養人故帝舜命夔典樂教冑子而周禮亦使大司樂掌成均之法以教國子弟教之而改則薦用之不改

則刑之而非謂使樂工颺頑讒之言以觀其改過與否矣

光天之下

上文帝患庶頑讒說故此云誰敢不讓與讒說相應敢不敬應與頑字相應蓋化天下莫如舉賢而致賢又莫如修德己德既盛則賢者自來用賢人則衆人自勸到此時人無不濟濟相讓矣豈復有讒說哉人皆爭自濯磨以應上之所求矣豈復有頑不即工也哉

州十有二師

州十二師即所謂十二牧也以其養民則謂之牧以其為民師則謂之師非十二牧之外又每州立十二諸侯以為之師也

簫韶九成

簫韶九成鳳凰來儀雖曰尊異靈瑞故别言之然其言亦自有意葢謂祖考子孫同一氣人又有血氣心知尋常鳥獸皆目前所有一聞樂聲之和為之感動固其宜

也若鳳凰則翔於千仞覽德輝而後下世所不常有也豈容易感之使來哉故必九成而後至也蓋陽數之極於九而樂陽聲也作樂而至於九成則樂之和至此極矣感物而致鳳凰則感通亦至此極矣

帝庸作歌

帝作歌則先股肱欲倚重於其臣臯陶賡歌則先元首以責難於其君所謂颺言者乃歌之漸非大言而疾也與工以納言時而颺之者同蓋有韻則為歌無韻則為

言而兩語皆以欽哉係其後有咏歎歌颺之意亦歌之類也臯陶以為人君不必下侵臣職以求事功但委任而責成功耳率作興事者分職授任如咨命二十二人是也屢省乃成十三載考績三考黜陟是也能如是則可謂之明君君明則臣不敢欺而思盡其職庶事自各就緒矣苟為不然而欲下侵衆職則元首叢脞而股肱懈怠天下之事豈一人所能辦哉萬事之墮固其宜矣

禹貢

篇首敷土奠高山大川

禹敷土隨山刋木奠高山大川敷土者葢鯀以土湮水禹遂敷分而疏導之然後隨山刋木以治水之發源既乃定高山大川以分别州域若云敷土而分别九州則當以奠高山大川居隨山刋木之上今次序不然故知舊說未當

九州貢賦

九州田賦止是米穀非必兵車觀甸服百里賦納緫至

四百里粟五百里米可見蓋貢者土之所宜賦者田之所出九州之賦必皆歲輸京師然後可比較其多寡若諸侯各私所有則朝廷安得而知其總入之數邪文王為方伯而庶邦惟正之供則所謂萬民惟正之供者必非止於畿内也

南北方言

南方流水通呼為江北方流水通呼為河南方止水深濶通謂之湖北方止水深濶通謂之海子

碣石河道

傳據程氏以為碣石已淪入海九河亦為海水所漸而謂平州正南石山尚在此即碣石或者以為今谷口御河入海處北岸有石山聳立狀如小孤山北人呼為碣石古人嘗鐫銘其上揭先生亦嘗刻詩石間御河水自衛輝彰德而來過臨清東光滄州長蘆至赤谷下海湍流黄濁與黄河相類或云此正古黄河道謂之逆河蓋以海水逆潮而得名其上合流如滹沱易水之類通有

九水又與九河相應而自海道入河者碣石亦正在右轉屈之間其與夾右碣石入河皆相脗合至於平州正南别無石山在海中者不知昔人何據而說此豈亦未嘗見而云爾邪又為朝宗所說案此說有理但於播為九河一句說播字未通尚欠考訂

作十有三載乃同

兖州田賦作十有三載乃同者蓋當河下流又有九黄河衝冒受患最深其用功最先而成功獨後水平之後

田地既可耕作矣又必優之十二年待其一紀之後歲星一周天道變於上地力復於下然後使之供輸於公上比同他州葢因其受患之深所以優恤之至

嶧陽孤桐

梧桐非可以作琴瑟嶧陽之桐乃枯桐樹耳

錫貢

厥包橘柚錫貢與錫貢磬錯以為非常貢待錫命而後貢恐尚未然錫者上與下之辭而納錫大龜禹錫玄圭

師錫帝曰皆以錫書蓋大龜為國之守器禹告成功是為舜成百世之功衆舉舜是為天下得人皆非常之事故變之而亦不以常辭書獨橘柚磬錯謂之錫貢有不可曉若謂口腹之欲待錫命然後貢則淮夷貢魚豈非以充口腹者邪謂磬錯非常貢則泗濵貢浮磬青州貢海物惟錯何不待錫命邪

錯賦

錯出之賦止於揚荆豫梁豈惟迤南四州田有一易再

易而東西北三方田皆可歲耕者也是亦有不可曉者

三苗

舜竄三苗說者謂驅逐禁錮其君長然共工驩兜鯀皆言其名獨苗之君長不名而謂爲三苗是固可疑舜典又謂之分北三苗禹貢又云丕叙臯陶謨又云何遷乎有苗呂刑又云遏絶苗民夫謂之分北則必非止於一人謂其丕叙則必非止於一君又謂之遷有苗謂之遏絶苗民則亦不特遷徙其君長而已此必并其國人俱

徙之也左氏記四凶而指為一人固已訛矣流放竄殛變文耳其實皆遷徙也猶之命官一也而曰詢曰咨祭祀一也而曰類曰禋曰望曰徧皆作書者錯綜用字謂其罪有小大而刑有輕重者非也帝舜平生加刑於人此四事為大故作書者取而類記之而非謂其一朝罪四凶也後世不察遂以為舜誅四凶皆攝位時事故於禹征有苗處說不通遂以為三苗作臣作叛寧有此事邪夫三苗既匪在朝之臣舜得不動干戈執其君而竄

之舜執其君而無所難禹征以六師而反不服何邪蓋苗頑不即工故征之來格而後分北竄徙之所謂臯陶施象刑則加以流竄者是也豈施以刑不服而後征之邪然既懐之以文德而來格苗則已革心向化矣又從而追咎其既往而分北之豈叛則討之服則舍之之謂乎聖人必不爾也蓋征苗而苗格此出安國古文與舜典益稷臯陶謨相牴牾此必漢儒傅會之辭不可盡信

導山

禹貢有導山導水水非疏鑿不可山豈待疏鑿而使入海邪而導岍岐則終以入海何也舊說以為山逾於河者固非是今傳者以為禹逾於河似矣而下文至于碣石入于海豈亦禹入海邪蓋當洪水懷襄平地無非是水不復知有河道故禹先隨山刊木以決導之待其水落土出然後河道可見於是從而決九川故導山即所以導水其言入海固宜但其所導之山皆是衆水發源與水道有相干涉者非泛然視其廣博高大者而導之

也如岍岐是黄河所經太岳是汾水所出王屋是濟水所出鳥鼠以導渭熊耳以導伊洛桐柏以導淮嶓冢至于荆山内方至于大别可以見漢水之源流岷山之陽至于衡山過九江至于敷淺源可以見江水之脉絡但其所謂逾于河所謂至于某者又若不專指水言者尚欠考訂

敷淺原

敷淺原恐非廬山高平曰原而又名敷淺則必平曠之

地不為高山可知禹貢導山即所以導水不論山之高大但於水有干涉曾用工者則録之若謂其所表見諸山必其高大可以辯疆域廣博可以奠民居則五岳中之嵩山揚州則若舒州之灊山江東之茅山九華山之類其綿亘皆數百里何故略不載紀邪

導水次序

禹貢導山水皆自北而南天下之水莫大於河其次則江漢皆發源自西經中國以入海者也故導水先言河

次漢次江濟與淮雖能入海而其源短故居其次渭水洛水皆不能入海者也故居其末

漢江

江漢二水勢均力敵皆能自達於海者也故禹貢雖紀其合流仍各見其首尾紀其合流故於漢水言南入于江江漢朝宗于海各見其首尾故於漢水言東匯澤為彭蠡東為北江入于海於江水則言東迤北會為匯東為中江入于海然於漢水言南入江則江水北入漢可

以互見矣於江水不言會于漢而曰會于匯則漢水匯為彭蠡亦可以互見矣此古人叙述之精雖不辭費而一分一合脉絡昭然自見今讀者不細考而妄疑古人疎略誤矣

九江彭蠡

先儒有九江彭蠡辯其辯九江則是而辯彭蠡則非彭蠡乃今之鄱陽湖其源固有豫章諸江而其為澤則固江漢之所匯者也今春月江水暴漲則匯而入湖蓋江

流浩渺而其下束以小孤山水道狹甚其勢不得不迸
流而入此澤故有發舟湖口無風而一夕達鄱陽之安
仁者問其故乃舟乘逆流行甚迅速猶隨潮而上者也
故江水之滙衆所共知今乃疑之顧弗深考耳且謂漢
自大別入江合流已七百餘里安能復識其滙澤者為
漢水邪亦可謂膠固之甚者矣夫單叙漢水源流則其
勢不得不以漢水為主但旣云南入江則東滙澤為彭
蠡即江漢共滙可知矣不成曰南入于江東與江共滙

澤為彭蠡然後為明白邪人謂彭蠡在大江之南當曰南匯不當曰東匯匯既在南則當曰北為北江不當曰東為北江其論南北反戾幾為可笑葢江漢兩水皆發源西蜀而東流入海獨漢水到大別入江則析而南流與江相合仍舊東流而匯為彭蠡又東流為北江以入海其東西南北以天下大勢論不主一江南北而言也今若欲改云南匯彭蠡則是南流入江之後又南匯彭蠡則漢水當逆流向洞庭矣匯澤之後不云東為北江

而云北為北江則漢水又當決破安慶橫入淮河矣

三江

三江既入疑當從蘇氏之説以漢為北江岷水為中江豫章水為南江蓋揚州之水莫大於此經隔千餘里以入海安得舍此不録而録震澤下之三江也邪傳者疑三水既已合流為一不得復分為三江不知大小相埒各能達海故雖見其合而仍以三江書以伊洛瀍澗入于河江漢朝宗于海推之可見不然何故於大别明紀

漢水入江矣於匯為彭蠡之下復分漢為北江岷為中江乎且不以岷水為南江而云中江則隱然見別有南江章水是也古人紀載詳密而不費辭類如此非後人所及也

禹貢體製

洪範禹貢其文相類洪範則先撮總而後開列九疇禹貢則先條列九州而後撮總導山所以總九州之山導水所以總九州之水內之為九州外之為四隩高之為

九山下之為九川小之為九澤大之為四海此總言水土無不平治也六府孔修所以見九州物産之充足正庶土以底慎財賦所以總九州之土貢則三壤以成賦中邦所以總九州之田賦種藝之利不通於夷裔此田賦所以止於中國也水土既平然後財用充足財用足而後可取於民故較土田以定貢賦貢賦定而地之廣狹可見故可以錫土姓而建侯國夫如是則所以經營天下者已備可以無為而治矣故祗台德先而莫有距

達者焉所謂烝民乃粒萬邦作乂者此也

五服

五服五千但大約立法如此耳非四面截然正方真如棋局也堯都冀州冀之北境邮得二千五百里邪古今天下止有許闊其土地所産大略相同如舜封象於有庳羲仲測日於嵎夷禹南巡於會稽導弱水至于流沙四裔之地皆古人足跡所及者謂周人九服增地一倍者妄説也荆揚土貢多於餘州令亦未見有加於古貢

象齒則地盡南海可知兾北土貢止皮服古亦未見有
勝於今謂古今土地有盛衰不同者臆說也嬖之夏后
授田五十畆至周人增為百畆夷畎澮溝洫破涂路遂
徑不大煩擾邪其所井之田安得皆平原廣野高下如
一邪要亦因其可井而井之其不可為井者則亦品搭
多寡以授之使如井田之數耳五服之制亦由是也
東漸西被
聲教至於海濵則止矣何以又云漸于海蓋海島之夷

與流沙以西之戎狄咸賓貢於中國則是有虞之聲教
東不止於海且漸入於海中西不止於流沙又蒙被流
沙之外矣

禹錫玄圭

上之與下謂之錫禹奉玄圭而云錫玄圭何也葢為舜
成百世之功不可以常辭書猶之衆人舉舜而云師錫
帝曰葢為天下得人亦非常之事

禹貢之作

禹貢非作於禹治水成功之時必後來追紀之書其間如云錫土姓祗台德先不距朕行又如東漸西被之語皆後面追述之辭豈禹八年而水土平民方脫於昏墊教化遽能大洽固無是理也且其間如兖州田賦作十有三載乃同夫水平之餘又使耕治十三年方取其賦豈逆計其年歲而優之邪此必取賦後紀錄無疑也且舜竄三苗曾幾何時而於雍州已言三苗丕叙此豈水土初平紀錄之語邪

甘誓

乃召六卿

六卿安知非王朝六卿諸侯大國三卿武王伐紂故諸侯則司徒司馬司空佐行天子出征則六卿隨往亦常理耳

三正

怠棄三正傳以為子丑寅之正不知王朝須朔三正並須於諸侯邪抑止須寅正也而奈何責有扈以怠棄三

正且不奉正朔是欲擅變禮樂改易制度何得云怠棄
或者以為禹論養民莫重於六府三事威侮五行是不
修六府怠棄三正是不務三事為諸侯而不知養民此
天所以絶之也其說為優

胤征

聖有謨訓

聖有謨訓至邦有常刑是先引格例其或不恭謂各敬
其職非指為恭君也若專以諫君為恭則義和非以不

恭君而受代

先時後時

先時者殺不及時者殺此特為歷官誤算天象不可準信重其法耳而非謂凡百官作事違限者皆殺也

其爾衆士懋戒哉

懋是勉其所當勉如威克愛之類戒是戒其所當戒如愛克威之類

仲虺之誥

民墜塗炭

民墜塗炭只是陷民於水火耳塗非真指泥也泥何能為民害惟水能殺人

兹率厥典奉若天命

此二句當從真氏之説蓋兹者此也指伐桀之事而言之也湯以為不幸處君臣之變而仲虺以此乃率循其常道以順天命而已蓋治則戴之以為君者常道也亂則誅之以救民者亦常道也變而不失其正即所以為

常也故湯則駭之以為變而仲虺則視之以為常

惟王不邇聲色

惟王不邇聲色不殖貨利懋官懋賞用人改過克寬克仁是歷數湯之善行彰信兆民是總言其善行之足以取信於天下非特指寬仁一事而已傳者失之

初征自葛

湯征自葛民傒其來葢苦桀之虐而欲其拯已於水火之中耳傳引呂氏之言謂其征伐之際唐虞都俞揖遜

氣象依然若存無乃大巧而不切於事實邪

推亡固存

推亡固存邦乃其昌言夏有亂亡之形不可不滅是乃理勢當然非湯欲圖其天下也此猶是釋湯伐夏之慚非勸勉之也當以林氏之說為正

懋德建中

懋昭大德建中于民此是儱侗大綱言之言當明教化以立个準則於天下如親親使人各親其親長長使人

各長其長如此而已至於以義制事以禮制心此說得

嚴密正是垂法後嗣不可有豪髮過差葢湯為創業之

主非特天下之所取正亦後嗣之所取法者也苟有一

豪不中禮度則後必有甚焉者矣傳者以後二句屬上

文非是

慎終惟始

惟厥終當思其始而謹始之道無他惟殖有禮覆昏暴

賞善而伐惡是是而非非如是欽崇天道則自然可以

永保天命而有終矣不然則今日固代夏而王矣少不加謹安保後日不為人所滅乎

湯誥

賁若草木兆民允殖

此二句當作一連説夫害民者去而憔悴之民皆有生意賁然如草木之榮茂而可觀矣若説天如草木不成義理

凡我造邦

凡我造邦無從匪彝無即慆淫各守爾典以承天休此四句正是誕告萬方之要語前二句是禁止之後二句是開導之

萬方有罪在予一人

萬方有罪在予一人蓋使天下皆化於善而不陷罪惡方是人君能克綏厥猷也林氏之說為長

伊訓

元祀十有二月

三代改正朔不改月數見於詩書周禮詩有七月流火與四月維夏可見其云一之日二之日者變文耳非指此為一月二月也周禮正月之吉始和若以子月為正月則仲冬嚴沍安得始和二月掌判會萬民使合昏此必令之二月未必臘月也仲夏斬陰木仲冬斬陽木四時皆未嘗改獨有所謂正歲者則正是以十一月為歲首故喚作正歲如月令是秦書則以季秋之月朔須來歲朔於諸侯是秦分明以十月為歲首而未嘗以為春

正月也商書元祀十二月皆是以首月行大事何嘗改月數乎惟春秋改之不知是魯史改之乎抑朝廷改之乎論語莫春浴沂雖不見是何月然所謂莫春必令三月若以子月為春則莫春乃正月北方正月氷猶未盡泮安可浴乎先儒疑之故以為上巳祓除又云地志以為有温泉皆意其為天寒而未可浴也然既已服春服又乘風舞雩壇豈可謂寒邪其為令之三月無可疑者是孔子之時猶未改也獨孟子七八月之間旱與十一

月成徒杠十二月成輿梁則已改之但孟子又出春秋之後其改也宜矣竊意周初未改及春秋然後改令亦未見改自何時但於春秋可見其改耳然若非春秋改則周用子正於他書皆無可證驗先儒有謂武王以十三年滅紂就改十一月又就改為春則無緣後面周公作詩作周禮皆不遵用新正朔而止從其舊此為可疑夫子所謂行夏之時則恐商周四時與夏實不同故夫子欲改而從夏不但更其歲首之月耳

一說正魯史改之蓋武王定天下改用子正不過以新天下之耳目而月數實未嘗改故正以詩書所引皆坦然無可疑者至魯史則以周公為文王之子武王之弟於周室為懿親於姬姓之國為最長而天下諸侯於是乎觀禮者固當遵用周之正朔以率先天下其改之宜也夫子修春秋而曰其事則齊桓晉文其文則史亦因魯史之舊文載當時之事耳

布昭聖武

湯布昭聖武猶云懋昭大德葢湯欲誅暴救民不得不用武耳武曰聖武猶德曰懿德而布昭則是湯稱舉而發揚之而謂湯之德威數著於天下非是

令王嗣厥德

令王嗣厥德罔不在初立愛惟親立敬惟長始于家邦終于四海葢言前王以武功取天下後王當用文德以致太平所謂德者不過愛敬二端而已葢孩提之童皆知愛親及長者皆知敬兄愛親是仁敬長是義二者出

於人性之自然一陰一陽相為對待猶春生秋殺然蓋一於愛則流一於敬則離二者不可偏廢也人惟愛也故惻然而有所不忍惟敬也故肅然而有所不敢不忍不敢而後君臣父子長幼貴賤得有所繫屬而不離相安而不亂故治天下之道莫切於此彼百姓之不親是不知愛五品之不遜是不知敬不愛不敬而後大亂生焉故親親而人各親其親則一家興仁而一國興仁矣長長而人各長其長則一家興讓而一國興讓矣大學

所謂上老老而民興孝上長長而民興弟孟子所謂老吾老以及人之老幼吾幼以及人之幼天下可運之掌皆此道也

先王肇修人紀

先王肇修人紀以下是歷數湯之行事以見其積累之勤苦蓋肇字與以至字相為首尾言由其始於如此其所積累不亦難乎先儒誤以肇字專屬之修人紀遂以為湯始修復人紀非也

嗣王祗厥身

嗣王祗厥身與後面祗爾厥辟相似言當愛敬其身不可以縱欲敗禮度是輕其不貲之身也

太甲

顧諟天之明命

天之明命只是天之眷命猶云畏天之威相似大學引此以釋明德是斷章取義如緝熙敬止之類今釋書者豈得反據大學而指為我之明德乎若以為即明德則

於下文受天命以有九有之師將何以釋之乎謂之明命猶云元命大命皆雅其稱謂耳

慎乃儉德

慎乃儉德惟懷永圖是總言以戒其縱侈之病下面若虞機張省括則釋是申之以譬喻欽厥止率乃祖攸行是正言以盡其意蓋射者猶不肯妄發人君安可輕動而不思為長久之計乎凡事皆有當然之則一定而不可移者所謂止者此也人君要道敬守此理不敢踰越

但有所為一循祖宗成憲則便是能慎德而可以久長之道也大臣安得不歡喜而後世安得不仰其令名夫君有不明臣不可以不忠為臣之道惟知媚于天子而已令伊尹有以懌之言又有承王之休亡斁之語使太甲而縱欲則伊尹遂可厭之乎是不然媚于天子此人臣事君之常道而伊尹則自任以天下之重其所為安可以常理拘也觀其自謂予弗狎于弗順而放太甲于桐則可見矣然而有伊尹之志則可無伊尹之志則篡

也不可以為常法也

　視遠惟明聽德惟聰

視遠惟明聽德惟聰傳云思明則所視者遠思聰則所聽者德非也人情事生則孝事死則忘矣接上則敬接下則慢矣視近則明視遠則昏聽佞則聰聽德則惑猶魏文侯所謂聽古樂則卧聽鄭衛則喜不知倦人情大抵如此故當有以矯之子張問明夫子告以不受浸潤之譖膚受之愬者可以謂之明又可謂之遠是以遠與

明對言遠亦明之類也與此視遠惟明不同其注引之誤也

君罔以辯言亂舊政

辯言亂政吳氏謂太甲所失者此非也太甲居桐三年百官總己以聽冢宰政事皆出伊尹令而後復政厥辟伊尹將欲歸休伊尹深慮己既退休則必有讒人交搆長短以求媚其上使太甲悉反其所為者太甲若誤信之則國之禍必自此起此君之所當戒者若人臣則功

成身退以謙遜自處庶幾可以保全功業不然則患失患得之心生而禍亦由此起矣此臣之所當戒者如周公復政成王有明農之志亦不能無此慮故一則曰厥若彛及撫事如予一則曰篤叙乃正父罔不若予皆惟恐已退而君有變更於其間也

咸有一德

德無常師

德是總言師則指其人善則指其行事人君居天下之

上其德必首出衆人而事事盡善乃可然豈必生成哉亦取諸人以為善而已故德不可執一人以為師但是善者皆可以為師善不可執一善以為主惟協合於一而已蓋欲其悉有衆人之萬善湊成自己之一德耳尚匹夫匹婦不獲自盡則民主無與成厥功安可自廣而狹人哉其與孔子所謂一貫者不相類與精一執中之言亦不同彼是言作事要常適其中此則欲取諸人以為善耳

盤庚

予若觀火

予若觀火予亦拙謀作乃逸傳謂我視汝情明若觀火非也夫火雖不可嚮邇猶可撲滅故火蔓延則當撲之令乃坐觀其延爇是拙謀矣人臣不從上令則當刑以驅之令乃聽其所為成就其過惡是與觀火者何異惡得不謂之拙謀

說命

若金用汝作礪

金而無礪一器之不適用耳其利害所係者小巨川則曰涉者衆若無舟楫則所係者大矣然但涉者病之其不涉者固未害也若歲大旱則舉天下民物之命皆懸於一雨其不可無也必矣故曰三語雖若一意而實一節深一節者此之謂也

若跣弗視地

若跣弗視地厥足用傷與若藥弗瞑眩厥疾弗瘳之語

不倫意亦不相對值竊意前二句是古書後二句是傳會

后從諫則聖

聖者通明之謂作事無纖豪過差以其能從諫故也至於后克聖臣不命其承二句說不通后以從諫而後聖是聖由諫而後得也如何聖而後臣方諫之

惟天聰明

惟天聰明惟聖時憲是承上文明王奉若天道建邦設

都而言惟臣欽若惟民從乂是因承以大夫師長惟以亂民而發天則聰明聖則立法臣則順君民則從治各有體式其理勢自當如此下二句不是憲天之效憲非效天乃是立法

惟口起羞

言語是宣文教甲胄是供武備衣裳是命有德干戈以討有罪人君為治惟此四者能審所當用而不失則言不至於起羞甲胄不至於起戎以賞則勸以討則懲無

所往而不善矣故曰允兹克明乃罔不休

惟厥攸居

惟厥攸居政事惟醇兩惟字皆訓作思一句是一義以下句為上句之效者非也

爾惟訓于朕志

爾惟訓于朕志是欲其格心非徒然輔德也葢志者心之所之欲有所向而未見諸行事者也人臣匡君於此正之則易待其見諸行事而正救之則難葢人君之志

慮不可少有所偏當適其中而後可故辟之作酒醴爾必思麴與蘗辟之作和羹爾必思鹽與梅夫偏於麴則苦偏於蘗則甘有鹽無梅則鹹而不可食有梅無鹽則酸而不可食故曰爾交修予言當兼致其力而不可使有所偏也此志既正則作於其事發於其政安有不善者哉

惟斆學半

傳謂教人所得居自學之半蓋教學相長此理固有之

但傳說此言為高宗而發不知高宗學成之後使之轉
敎何人方可以足成那一半若不敎人則高宗所學終
是不全矣以此觀之則敎者止說得一半學者當自用
功如舉一隅能以三隅反之類未見其為愉巧也
　四海咸仰朕德
四海仰德時乃風風非敎也葢說之出也異乎尋常命
相故天下皆翹首企足而望之曰後有下令而異於前
者必新相格君之功也是其風聲足以聳動四海耳非

敎也

對揚休命

對揚休命對者酧荅其所言揚則稱舉之所謂奉以周旋弗敢失墜是也非所謂對以己而揚於衆周書用荅揚文武之光訓亦此意葢古文書出於一手故其言每每相重

讀書管見卷上

讀書管見卷下

元 王充耘 撰

秦誓

亶聰明作元后

聰明作元后蓋合萬國而聽於一人其舉直而錯枉是是而非非必無纖豪過差而後足以服天下非極聰明者不能故商書亦言惟天生聰明時乂又言實作則

欽定四庫全書

于湯有光

于湯有光當從孟子集註傳謂于湯之心為益明白太
過

武成

列爵惟五

列爵分土是定制度法既定須人以守之故任賢使能
得其人使之如何為政曰重教化使民知禮義重食喪
祭使民養生喪死無憾而已惇信明義是以身率之于

其先崇德報功是以勸賞激勵之于其後如此而天下可不勞而治矣其言不一而其間自有次序

洪範

惟天陰騭下民

天陰騭下民是無形聲可驗故武王不知彝倫之所敘者何由蓋治天下不過欲敘彝倫使君君臣臣父父子子則天下治若君不君臣不臣父不父子不子則天下亂彝倫果何由而得其敘哉有九疇以維持之則彝倫

斁矣是九疇自九疇彝倫自彝倫彝倫是人之五常九疇是治天下之大法而傳以彝倫之叙即九疇之所叙者非也夫治天下莫急於五行所以天生五材民並用之缺一不可民非水火不生活故九疇以五行為先人有所養而後可以修己故次之以五事己既修而後可以治人故次之以八政五紀是作歷以合天皇極是人君以身立教三德是先後之以刑賞柔克者作福賞也剛克者作威罰也或剛或柔或正直隨時制宜是又能

因時制變矣然人有不能決則相率而聽于天七稽疑是也庶徵則因效驗之見于天者以為之省驗福極是因效驗之見于人者而為之勸懲九者聖人所以治天下之具其序雖有先後而其中蓋無所重輕傳者以前四疇為皇極之所以建後四疇為皇極之所以行牽强無味蓋皇極不過九者中之一耳安得以此一疇總括九疇且五紀作歷稽疑卜筮于建極何相干乎九疇非始于禹如卜筮起于伏羲作歷始于黃帝堯舜以來皆

從事五事以修身皆用刑賞威福以為治豈待禹而後有乎蓋聖人迭興立法創制先後錯出而無倫至此叙為九章而聖人治天下之大法首尾完具粲然如指諸掌則自禹始耳故曰洛出書而九疇叙

一五行

五行非泛論造化指五材言之乃養民之六府耳故末歸宿于鹹苦酸辛甘而加以五作字曰者出于自然作者出于人力

二五事

五事者何明五者人之所當從事者也盖人之自修欲其肅乂哲謀聖而已然肅乂哲謀聖本於恭從明聰睿恭從明聰睿生於貌言視聽思人之正己惟事乎此五者足矣與第一疇之意同皆歸重在末五箇作字上

五行水為老陰火為老陽故其性或潤或燥一上一下皆一定而不可移木為陽穉金乃陰穉故其性可曲可直可從可革而無定

以五事貌言視聽思強分配水火木金土甚無謂蓋九疇中五行只是論切于民用之五材而諸家不察咸以為論造化故如皇極稽疑庶徵福極一一牽合相配穿鑿可笑稽疑雨霽蒙驛克庶徵雨暘燠寒風猶云與五行相關至于五福六極與五行有何干係而又欲牽引附會此漢儒之失而後人不悟又復祖述之

四五紀

五者何以謂之紀蓋歲月日星辰歷數為天紀猶君臣

父子五常為人紀也天道推移雜然而無統而聖人作歷即此五者以為之經紀焉分之則有歲焉有月焉有日焉有星辰焉總之則為歷數歷數如今歷相似所以具載歲月日星辰于其上而以頒授諸人者傳以為步占之法者非如云天之歷數在爾躬豈亦有步占之法耶不過指其書耳

五皇極

皇建其有極與湯建中于民相似皆是以身立教以其

至極而無以復加則謂之極以其無過不及則謂之中以其至當而不可易則又謂之至善其名殊其實一而已至善猶云極好相似論其條目之大者不出乎五常如為父而慈是父道至此而極不可過不可不及矣天下之為人父者豈復有加于慈者乎為子而孝是子道至此亦至矣極矣不可有以加矣天下之為人子豈復有加于孝者乎人君建極斂五福以錫庶民豈真有斂散之迹哉大概有道之君立乎其上則自能措一世於

治平民皆飽食煖衣入孝出弟有壽康而無鄙夭者是果誰之力哉謂非其君有以致之不可也董子所謂人君正心以正四方而諸福之物可致之祥莫不畢至者此即建極斂福錫民之謂書所謂一人有慶兆民賴之者此即斂福錫民之謂也庶民于汝極錫汝保極者蓋建極在一人而保極在天下始焉人君以身立教率天下之民以歸于極及其教化既行風俗既定則建極之君有時而不存而父慈子孝之俗亘千百年如一日是

君之極反藉民以保之也謂之錫保者重其辭與錫福為對也

凡厥庶民有猷有為有守汝則念之

凡厥庶民有猷有為有守汝則念之蓋天生材止有此三等一等是能出謀發慮者謂之有猷一等是能經營四方者謂之有為一等是能彌縫周固物莫能奪者謂之有守正如高祖之用三傑是也此三者特其生質之美耳汝當思念之未知所謀所為所守者果當理乎抑

或挾其才以為不善者乎若求其善則不協于極無善之可稱求其罪則不罹於咎無惡之可舉此則當容受而收錄受之若而康而色曰予攸好德則可錫之以福而進用之矣上文念之正是念此兩途夫人固有色厲而內荏者矣此則安和之色出於自然而非强為人固有言不及義者矣此則發言惟在於好德則其積中形外者可見矣錫之爵祿豈其過哉若謂念之受之隨其材之輕重以成就之則不成有猷有為有守者反不如

不協於極不罹於咎者蓋總是三等生質之美者但不當分作兩股

皇極之敷言

皇極敷言只是以禁止開導之方形諸反覆詠歌使人知所以遏人欲由天理耳故其間既言無偏無陂矣又曰無偏無黨矣又曰無黨無偏言遵王之義矣又曰遵王之道言會其有極矣又曰歸其有極無非叮嚀反覆之辭初無淺深異同之論今傳者以偏陂好惡為己私

之生於心偏黨反側為己私之見於事同一無偏也一以為生於心一以為見於事不知何以分別王義王道不過言皇極耳而曰皇極之所由行且以遵義遵道遵路為會其極蕩蕩平平正直為歸其極亦殊不可曉蕩蕩平平不過言皇極之理大公至正無少私曲耳如何謂之歸其極遵義遵道同一遵字而析遵義為兩言會極歸極同一極字而變會歸為兩字蓋其行文不得不爾而意豈有異同哉若必以一句為一義則無偏無黨

與無黨無偏亦有兩意乎

極之敷言

皇極之敷言蓋更端以總結一章大旨上言人君立教一本於天此言庶民歸極則歸功於君代天立教但知有天而已庶民因君以復其性但知有君而已

六三德

三德者人君御世之權隨時而制宜因時而變化有不賞而人自勸不罰而人自畏者是之謂正直若剛克則

糾之以猛所謂惟辟作威是也柔克則待之以寛所謂惟辟作福是也皆以不齊齊之葢並行而不悖者也

七稽疑

稽疑雖以蓍龜爲重然天視自我民視天聽自我民聽豈有卿士庶民咸以爲非而獨取信蓍龜足以獲吉者此商俗尚鬼之流弊也

八庶徵

曰雨曰暘曰燠曰寒曰風曰時是總言下面是分兩股

五者來備各以其敘是為休徵張本一極備凶一極無凶是為咎徵張本五者來備即是上文雨暘燠寒風各以其敘即是上文時字之義備而又敘則吉極無極備則其不適時者可知五者順序何獨見於庶草蕃廡蓋植物皆藉雨暘燠寒風以生長收藏然如後彫松柏不足以見天道之逆順惟草最柔脆易榮易枯雨暘及時則萋萋豐茂一或愆期則其憔悴可立而待故獨指此為言

王省惟歲

曰王省惟歲以下錯簡當為五紀傳文若云王與卿士師尹各以尊卑為序而省其得失於歲月之間則積日以為月積月以為歲使王之所行無失而卿士師尹兆天變於一月一日之間則王之善不免為卿士師尹所累矣使王之德足以調陰陽則卿士師尹之失遂為王所庇矣其休其咎將使誰執哉況此言歲月日而下言庶民惟星終之以日月之行有冬有夏其為歷數可知

非五紀傳文而何日冬行南陸而夏行北陸月冬行北陸而夏行南陸故長短相反而成望若春秋則共行南北之間晝夜長短適均有無異同故經但言日月之行有冬有夏而不言春秋者此也

九五福六極

五福曰嚮六極曰威不知上之人以此勸懲臣民乎抑以此自勸自懲乎是則有不可曉五福不言貴六極不言賤蓋貴未必為福賤未必為極若曰不言貴欲人之

安於賤則獨不欲使人安於貧乎

旅獒

王乃昭德之致于異姓之邦

王乃昭德所致于異姓之邦分寶玉于伯叔之國寶玉亦德之所致互文耳

金縢

乃卜三龜

卜三龜而一習吉者習重也兩龜之兆吉耳啓籥見書

然後知彼一龜亦并是吉也

予小子新命于三王

新亦當作親言親禱于三王也命非受命之命乃命告之謂也

我之弗辟

我之弗辟當從古註周公以身任社稷管蔡謀危宗社得罪于天下在所必誅周公安得顧私恩而出避于國之東乎是時成王幼沖政自公出故曰小子同未在位

周公安可一日去左右而乃居東二年不知國事將付之誰邪且所謂流言者必管蔡與武庚同為叛逆以此聲周公之罪而出師耳故周公不得不往征之而史謂之流言者特以其誣罔不實而妄加公罪乃無根之言耳豈但如今人造為訛言作為匿名文書之類乎周公居東不知誰為探究造言之人遲遲兩年而後得實乎且史于居東二年罪人斯得之下即繼之以于後公乃為鴟鴞之詩以貽王而後及風雷之變傳者謂因天變

迎公歸而後管蔡叛乃命周公東征然鴟鴞之詩已有取我子無毀我室之言則彼時管蔡已為武庚所累而伏誅矣豈有至此然後叛之理要之湯武以臣伐君周公以弟誅兄皆斷以大義所謂公天下以為心者固不可以尋常君臣兄弟論也

大誥

弗弔天

弗弔天降割于我家弗弔旻天大降喪于殷與詩不弔

昊天不宜空我師不弔昊天亂靡有定語意政同蓋弗弔天當作一句讀而弔音如字當訓為弔恤之義天有降福謂之天降災者謂之弗弔天猶言無情之天也微有致不足于天之意所謂天地之大人猶有所憾以其降災故也

天閟毖我成功所

天閟毖我成功所予不敢不極卒寧王圖事肆予大化誘我友邦君天棐忱辭其考我民予曷其不于前寧人

圖功攸終天亦惟用勤毖我民若有疾予曷敢不于前寧人攸受休畢三言天三言予盖謂天意如此我安敢不如此天亦惟用勤毖我民若有疾云云

天惟喪殷若穡夫

天惟喪殷若穡夫予曷敢不終朕畝此二句是一意天亦惟休于前寧人予曷其極卜敢弗于從率寧人有指疆土此二句是一意皆是以天與予對言文勢猶前三言予之意敢弗于從率寧人有指疆土當作一句于訓

為往言敢不往從率循寧人有指定之疆土傳謂敢不從爾弗征非是

微子之命

惟稽古崇德象賢

惟稽古崇德象賢未便是說湯蓋是先引格例言稽諸往古有德者宜在所尊崇其子孫之賢者使繼先王之統修其禮物以作賓王家與國咸休永世無窮如舜封堯後夏崇舜後商立夏後古固有此制也下文乃祖成

湯以下是言崇德爾惟踐修厥猷以下是言象賢欽哉往敷乃訓以下是教之統承先王修其禮物作賓王家永世無窮

予嘉乃德

予嘉乃德曰篤不忘言我嘉汝德以其能篤前人所行而不忘其舊也與篤前人成烈篤叙乃正父相似所以為象賢也

愼乃服命

服命不過職守之命爾與康誥明乃服命同非服飾命服之謂也

萬邦作式

宋一諸侯耳臣于周者也如何為萬邦式蓋宋先代之後諸侯宋魯于是觀禮有欲學殷禮者必之宋也

康誥

明德慎罰

明德是崇教化使民有所視效而入于善慎罰是謹于

用刑以輔之使民有所畏憚而不敢為惡聖人之治不過此兩事而已罰謂之慎非去之謂蓋必罰其所當罰而輕重出入不差毫釐然後民不敢犯若過故不分輕重失當則民惡者無所懲而善者反無所措手足矣罰如何去得雖堯舜不能廢但有謹慎不妄加耳庸庸是賞功威威是罰罪庸即車服以庸之庸不訓作用字祇祇亦不但是敬賢者凡所當敬者無不敬也區夏只是
國都次及友邦已而怙冒西土則為西伯矣其始也德

顯于民而民歸之其終也德聞于天而天命之誕受厥命越厥邦厥民當作一句言文王受厥命及厥邦厥民也不可以厥邦厥民屬下句肆汝小子封在兹東土歷述其父兄創業之難欲其知得國之由而不敢忽也

恫瘝乃身

恫瘝乃身敬哉言使汝有國者非富貴汝也以民社之重寄之汝適所以病汝也下文言天威可畏小人難保往盡乃心無康好逸豫乃其乂民此即所謂恫瘝汝身

也謂視民不安如疾痛在己者非是天畏棐忱只是天可畏其去就無常惟誠則輔之猶皇天無親克敬惟親之義

乃服惟弘王

乃服惟弘王應保殷民亦惟助王宅天命作新民言汝職事不在乎他廣宣上德以和保殷民者汝之職也助王以安定天命而作新斯民者亦汝之職也盖康叔所治者殷民而殷民叛服關天命去留係四方治亂當時

武王雖已滅殷受命然天命猶未固四方猶未丕變也故武王猶以宅天命為憂觀後來三監倡亂而四國動搖周公破斧缺斨久而後定然後知武王之慮非過也康叔不從管蔡之亂蓋能心武王之心者武王之戒飭康叔如此其命三監得無告戒之言乎豈以三監既叛而史遂削之歟是不可考也已

敬明乃罰

敬明乃罰所謂慎罰也式敬爾由獄惟敬五刑用刑不

可不敬也惟明克允用刑不可不明也

有叙時乃大明服

有叙時乃大明服惟民其勑懋和有叙者言立法制刑其重輕大小固有次叙如所謂五刑有服五服三就五流有宅五宅三居何嘗不截然各有次第然用刑者必明其所服民方有所戒勑而勉於和服即五刑有服上服下服之服蓋當罪受刑之謂也所謂明者何蓋刑有故焉有過焉二者不可不審也去惡如去疾斬然斷制

而無姑息之意所謂刑故無小怙終賊刑則民知惡之不可為而畢棄咎矣保民如赤子蓋小民無知而犯法猶赤子無知而入井在所矜而非可加以罪者也則赦宥而全之使得自新如所謂宥過無大眚災肆赦則良民不至無所措手足而自康乂矣罰之貴于明者如此

汝陳時臬事

汝陳時臬事罰蔽殷彝用其義刑義殺勿庸以次汝封

言用法之際必取是法與是事比並而陳之案法如此
而事如彼則合與不合昭然可見矣必法與事相當然
後斷之所治者殷民則不得不用殷法然謂之常法必
湯所制可以常行而非商紂之虐法也或輕而刑或重
而殺必適于義義者宜也宜刑則刑宜殺則殺顧其所
犯何如耳不可曲法以遷就汝喜怒之私若使就得汝
心則刑殺必不合宜矣無所謂恐其泥古不通趨時而
徇己之說也

兄亦不念鞠子哀

兄亦不念鞠子哀言兄亦不思其弟之可憐耳謂弟為鞠子者言其幼小尚未離鞠養猶言小子也觀康王自云無遺鞠子羞可見傳謂兄不念父母鞠養之勞者非也

父不慈子不孝兄不友弟不恭如此而不于我政人得罪焉是為民上者坐視其傷風敗俗而不問則天之與我民彝幾何其不泯亂乎民彝即彝倫聖人之治以叙

彝倫為急務所謂明德者明此而已所謂慎罰者以弼
此而已

不能厥家人越厥小臣外正

能如柔遠能邇之能謂化誨擾復之也

汝亦罔不克敬典乃由裕民惟文王之敬忌乃裕

民曰我惟有及則予一人以懌

由訓用惟訓思言汝亦罔不克敬典用以裕民當思惟
文王之敬忌以至裕民而心之所期者曰我思跂及于

文王則予一人以懌矣蓋必有關雎麟趾之意而後可以行周官六典之法度典因國之常典使無文王敬忌之心以行之則徒法而已矣民何自而得其安哉敬忌者愼罰條目之工夫也故吕刑云敬忌罔有擇言在身

𡗝惟民迪吉康

𡗝惟民迪吉康以下依舊是明德非欲其以德用罰也我時其惟殷先哲王德惟字當訓作思言我亦思惟殷

先哲王德用以康乂其民庶可與殷哲王為求匹耳
不廸則罔有政在厥邦言人君政事止是導民于吉康
所謂制其田里教之樹畜申以孝弟之義之類是也若
不能導民何政事之有傳謂廸言德而政言刑殊不可
曉

予惟不可不監告汝德之說

予惟不可不監告汝德之說于罰之行依舊是以明德
慎罰並言

封敬哉無作怨

封敬哉無作怨勿用非謀非彝蔽時忱欲其慎罰也蓋彝即罰蔽殷彝之彝蔽即丕蔽要囚之蔽正指用罰而言也丕則敏德以下欲其明德也罰能謹而德能明我之所求于汝者此而已果能是雖欲瑕之而無可疵雖欲殄之而無可殄蓋諸侯而不稱職輕則貶爵削地重則六師移之武王之于康叔分則君臣親則兄弟而告戒之嚴凛然有不可以私恩貸公法之意者何也蓋殷

民叛服繫天命去留關國家治亂不得不嚴為之戒勑也故下文又申以命不于常無我殄享而末復教以勿替敬典聽朕誥汝乃以殷民世享仁人之于兄弟親之欲其貴愛之欲其富而惟恐其不能保有禄位如此夫

酒誥

爾大克羞耈惟君

爾大克羞耈惟君猶言能養老以盡為君之道相似蓋養老者國君之事也爾乃自介用逸介者副也言祭祀

而灌獻者其正也祭畢而飲福以宴者其副也明酒為祭祀設不止為宴飲設耳永不忘在王家所謂有成績以紀于太常之類

邦君御事小子不腆于酒而武王以此之故受殷命何哉蓋沈湎者喪亂之原則不耽于酒者固興邦之所由也

殷先哲王迪畏天顯小民

殷先哲王迪畏天顯小民經德秉哲蓋既畏天畏民則

所行自無敢慢故經其德而不變所謂日新又新不敢或作或輟蓋惟恐無德而不足以享天心秉其哲而不移所謂是是而非非舉直而錯枉確乎其不亂蓋惟恐用舍顛倒而無以服乎人也自成湯以至於帝乙成王畏相則為君者同一敬畏之心惟御事厥棐有恭則為臣者同一畏敬之心自暇自逸且不敢况敢尚飲乎商人尚敬之道蓋如此

自成湯至于帝乙凡三見之蓋商之能有天下者始自

成湯終于帝乙帝乙而下所謂在今後嗣王酣身者也紂為喪亂之主不足稱數故以帝乙終焉則自帝乙而上成湯而下凡為君者皆可稱道非指賢聖之君六七作者為言也

汝劼毖殷獻臣

汝劼毖殷獻臣以下欲康叔止酒先自貴族始蓋法之不行自上犯之大家世族冒行而不忌則何以責之小民故凡權勢貴要而難令者乃聖人所欲嚴為之禁制

而不以姑息者也然而已身不正又何以律人故在已直須剛制于酒則令行而民莫敢犯矣衛為諸侯之國三卿則有之矣安得有所服休坐而論道之臣與夫太史内史者乎且康叔既為一國之君矣又有所事所友并與已為儔匹者將何以為國乎此無他康叔所封者殷之故都凡此皆殷之故臣耳觀其起句所謂劼毖殷獻臣可知矣蓋殷之舊臣有嘗為諸侯者有為太史内史者有為公卿者康叔為王司寇則與三卿為儔匹而

三公尊于已其所當事者太史内史與已為友者蓋以爵位之尊界而論之也此等皆怙恃富貴輕犯國法者在康叔不可不先制之也傳以為此自遠而近自界而尊則不然夫服休者三公也豈當在三卿之下乎要之本無次序

羣飲拘殺

羣飲勿佚拘執殺之所謂劫毖也蓋刑亂國用重典不得不爾

典聽朕毖

封汝典聽朕毖勿辯乃司民湎于酒者欲康叔剛制于酒也勿辯乃司司者藏守之謂康叔而沈湎于酒不治其藏則何以禁民之湎酒哉猶羲和湎淫遐棄厥司之謂傳謂有司非也

梓材

以厥庶民

以厥庶民暨厥臣達大家以厥臣達王傳謂通上下之

情而使之無閒其意不白

無胥戕無胥虐

無胥戕無胥虐當謂設監以治民使民無得相戕相虐爾非謂監者不得戕虐其民若如此言則于胥字說不通

塗丹雘是三字塗之丹之雘之與塗塈茨義同

先王既勤用明德

先王既勤用明德懷為夾庶邦享蓋古者封建諸侯各

私其土各子其民其勢易至分裂而自守以天子而統馭萬邦千里之王畿其力豈足制諸侯哉所恃者有德以柔服之而已故夙夜匪懈已之所以自治者益殷則殷聘世朝諸侯之所以事上者愈謹不然則諸侯不享而為天子者徒建空名于諸侯之上耳是故自古以來惟以四方朝貢為盛事如禹會諸侯執玉帛者萬國史書之以誇耀後世成王六服羣辟罔不承德至昭王而見侮于南國穆王而荒服不至夷王下堂以見而諸侯

不來及宣王能復會諸侯于東都而遂為中興復古之
盛績矣故周公敘成王亦以為敬識百辟享亦識其有
不享為此故也

召誥

丁巳用牲于郊

用牲于郊牛二傳云祭天地故用二牛非也蓋社即祭
地安得又合祭天地乎其用二牛者祀天以稷配各一
牛也禮云帝牛不吉以為稷牛是其証也郊社大事也

周公以人臣行之可乎蓋因事祭告奉王册命以行事非常祭之比也

王來紹上帝

王來紹上帝自服于土中昔者幼冲政出大臣今洛邑既成而王新即政凡事皆須自己服行非可諉其責於他人也

召誥雖不明言王來洛邑然召公拜手稽首旅王若公以下皆是如與成王面説則王來新邑分明矣其説與

洛誥相表裏洛誥是周公戒成王此是名公戒成王耳傳謂名公因周公歸而托轉達成王恐未必然蓋其間亦不見周公復歸宗周明文況洛誥但見周公遣使告卜未嘗見周公先歸也洛誥初聞亦不見成王來洛而中間都見成王歸周蓋古史必詳書此特因事記言耳故事之首尾不及具載

王厥有成命

王厥有成命猶云王其有成命皆是預期之之辭猶言

王必有此效以從史之也成命者一成而不變有則保之而勿失之謂也

王先服殷御事

王先服殷御事蓋民不難化特恐有位者抵冒法禁而不忌則無以令小民耳故有位者服則沛然德教洋溢乎四海矣亦豈必刑驅之亦夾習之于正人中日漸月染久將自化矣然君身不正如正人何故王當不怠于敬德而後可

自貽哲命

自貽哲命與自作元命相似其制命之權不在天而在我

其惟王位在德元

其惟者期之辭王位在德元言居乎德之首也蓋治民不在于嚴刑而在于修德德果超于衆人之上則人自觀感而化矣越王顯傳謂王德顯非也蓋王者德足以蓋天下而天下皆化之所謂黎民於變時雍之氣象也

其聲名洋溢乎中國施及蠻貊凡有血氣莫不尊親則
王豈不赫然章顯矣乎苟惟不然吾見其闇然無聞于
世而已耳後面王亦顯可証
保受王威命明德
威命明德威命者刑罰也明德者教化也人君之御天
下德與刑二者而已
洛誥
卜洛

召誥言召公先至洛卜宅經營而後周公至洛誥却言周公卜而惟洛食何歟蓋周召奉王命以作洛二人同功一體不容分彼此于其間故以事實言之則召公得吉卜而經營自周公遣使復命言之則為周公卜宅而營洛也

王肇稱殷禮

王肇稱殷禮祀于新邑咸秩無文蓋成王宅洛之初其禮當如此王者為天下神人之主故即位即政必先享

祀羣神朝會羣后成王昔者幼沖雖在位而未親政今洛邑成而王即政與新即位同故曰王肇稱殷禮是皆者王皆未嘗親祭也其舉盛禮自今始故當徧于羣神宜乎其咸秩無文也祭祀之後繼以敬識百辟享則教以朝會諸侯之事也此與帝舜攝政而類上帝禋六宗望祀山川徧于羣神之後即斂瑞以覲于四岳羣牧同至其巡守方岳亦必先柴望而後覲東后先神後人禮當如此傳引呂氏之說謂定都之初大享羣祀有告有

報有祈者既不切當且以周公首以祀新邑為言若迂闊于事情不知格君心革天下之道莫要於此故周公以為首務者幾於迂濶可笑舜攝政而徧祭羣神武王勝商而柴望告成後世人主即位亦必祭告天地宗廟而凡祀典之神皆令有司蠲殷致祭豈亦藉此以格君心革天下乎奈何其亦以此為首務也

令王即命曰記功宗

令王即命曰記功宗以功作元祀是繼接成秩無文之

後即是共祭于一時而下繼以惟命曰汝受命篤弼則是祭此人就命此人生祭功臣明矣是故成王明告周公曰四方廸亂未定宗禮未克敉公功厥後郤用秬鬯二卣寧公其曰明禋曰休享是生祭周公以功宗故也宗如宗子之宗功臣雖多必有一人為之冠是謂功宗而周室功臣未有過于周公者故以周公為之冠焉但不知古禮如何有生祭之典即命者疾速發命使司勳者紀功猶云趣有司定功行封也

丕視功載

丕視功載乃汝其悉自敎工蓋紀功載籍必昭示于大庭廣衆之間功之高下有無自有公論不可以私意而為之輕重增損也凡可以使衆人見者其紀載必公不然則必不敢以示人矣乃汝其悉自敎工非是敎以公私乃敎其勤於立功耳蓋有功則登于載籍無功不得幸而冒焉則有功者固加勉而無功者必慚憤思奮矣是不敎之敎也

厥若彝

厥若彝及撫事如予若彝猶云渠彝言順民常性是歟教化撫事是治政事二者如予是不可改舊政惟用在周工往新邑是不改舊臣如此則臣下知上意向無所變更各就其職展布四體以為治功自是成俗自是厚聲名自歸于汝矣蓋昔者政自公出而今王即新政周公恐其更張改作驚駭羣情則隳治功而壞風俗故不得不以此戒之後面又曰篤叙乃正父罔不若予可見

此意伊尹復政太甲亦有君罔以辯言亂舊政皆此類
也

汝惟沖子惟終

汝惟沖子惟終惟者思惟之惟言汝年甚幼後日方長
未可輕有所為當思其終毋使有今罔後也傳云終文
武之業者非是

惟不役志于享

惟不役志于享是釋上文言儀不及物是不用心于朝

享故曰不享非全不來朝也

公稱丕顯德

公稱丕顯德以予小子揚文武烈能左右民以周公既明農以歸休成王欲周公留以輔我言我沖子耳非公明保之而誰哉公當以德佐我令我不墜前人之功烈上可以荅天眷下可以綏四方其責任之尊莫過于此惟有修德庶幾可以勝此任坐而論道以德匡我舍公其誰

惇宗將禮

惇宗將禮稱秩元祀咸秩無文皆蒙上以予小子之文言我得以奉祭祀者皆公之力也揚文武烈荅公篤叙乃正父彼裕我民之辭惇宗將禮荅肇稱殷禮記功宗之辭

惟公德明光于上下

惟公德明光於上下予沖子夙夜毖祀終上文公稱丕顯德稱秩元祀之意言有公如此故我得以如此也

　予小子其退即辟于周

成王欲歸即君位于周不肯留洛發政即辟與前面復子明辟相應或者舊說為然尚俟考訂

　四方迪亂

四方迪亂未定于宗禮亦未克敉公功言今方欲導迪以治四方急于治民之事故未暇定宗禮亦未及敉公功耳迪如訓令民間迪不適之迪傳謂四方開治公之功與下文不接

我惟無斁其康事

我惟無斁其康事公勿替刑四方其世享言我只不怠于安民之事公則當勿替為師師百工之儀刑君能厲精圖治又有老臣在朝以為諸侯之表儀四方自然世世朝享不絕矣此荅公敬識百辟享亦識其有不享之語傳謂四方得以世世享公之德者非也

其大惇典殷獻民

其大惇典殷獻民此周公教成王以宅洛之務必恪守

國之典章任用殷之賢者蓋出治不可以無法輔治不可以無人也且宅洛將以化殷民安可不就用殷士必使出治諫四方之觀聽而為新辟恭以接下足以為後王之率先若此者何亦曰自是居中出治使萬邦皆得以蒙其休而王有成功也成王即位久矣而此曰新辟者蓋即政自今始文武固恭以接下矣而曰恭先者蓋宅洛自成王績曰成績則萬邦之廣有一民不被其澤豈可以言成哉

考朕昭子刑乃單文祖德

考朕昭子刑乃單文祖德者言欲成就君之儀刑而殫盡文祖之德蓋威儀德之形乎外動容周旋無不中禮是方成其儀刑必使其君雍雍在宮肅肅在廟如文王然然後得為殫文祖德不然是未免有愧於前人也于成王則曰其自時中乂萬邦咸休周公自敘則曰考朕昭子刑殫文祖德蓋君以出治為功臣以輔君為職各欲自盡而已

伻來毖殷

此所謂以功作元祀者也故既奉灌地降神之酒而又重以明禋休享之辭豈非生祀周公也歟周公能為人臣所不能為之功固當受人臣所不當受之禮公則自以為凡己之所能為者皆臣子之分所當為安得受此非常之祀哉故不敢歆其祀而以之禋祭文武而徼福于先王焉惠篤叙至殷乃引考此周公自禱之辭王伻殷至朕子懷德乃為王禱祝之辭蓋無有遘自疾即自

身康強而無有猷于乃德者乃指成王言飽女福澤至于殷人亦引考則周公留洛主掌殷民故亦顧其不為叛亂得保首領以沒而蒙壽考之福也且殷乃辟民令之而有不從禁之而有不聽而王能使之承汝教條聽從號令不復懷思其舊主而乃觀法于汝懷思汝德焉是雖成王化之有道然非文武在天之靈陰騭默相安能至此故周公為成王顧之

新邑烝祭歲

成王烝祭其日則戊辰其月則十二月其年則周公誕
保文武受命之七年此史倒載之法也古無年號如此
紀年猶云曾于承筐之歲耳命公留後不當在此豈簡
編錯亂邪抑史臣追書之也
王命周公後作冊逸誥
是又以冊書命公前面作冊以告文武此作冊以命公
重其事故也
多士

惟帝不畀

惟帝不畀惟我下民秉為即天視自我民視天聽自我民聽之意蓋上文言不畀殷而畀我恐殷民不信以為周公托天以自神耳天豈嘗諄諄然命之乎但民心之所向背即天意之所予奪也

明德恤祀

自成湯至于帝乙罔不明德恤祀明德是教化以治民恤祀是潔粢盛以事神君者神民之主也能盡此二者

可以為君矣故天則丕建保乂而顧畀有殷眷命為之
益隆殷王亦戰兢惕厲而惟恐有不合天意其所以明
德恤祀者愈致其謹惟其罔不明德恤祀所以罔不配
天其澤配天其澤即所謂克配上帝而施澤于民言久
有天下而已湯以七十里諸侯而升為天子非天丕建
之而何傳祚至于六百非天保乂之而何
惟我事不貳適惟爾王家我適
不貳適者言無二心我周之為諸侯惟知忠于所事耳

初未嘗有二心而欲弋取殷命也但爾王家自我適耳
言不求而自至殷之亡非周之罪也以此推之殷人搆
亂必有興兵之辭意其必謂周本諸侯商之臣子耳乃
懷二心干取大命故周之誥告首尾皆分析之辭傳謂
周不二于帝殊失本旨

予亦念天即于殷大戾肆不正

言我亦念天禍汝邦故汝不正而謀叛者皆天為之也

無逸

君子所其無逸

無逸首以君子所其無逸與小人不知艱難作對說分為兩途下文却引三宗文王以實君子所其無逸之言引自時厥後立王生則逸以實小人不知稼穡艱難之語君子所以能所其無逸者以其先知稼穡艱難嘗涉歷辛苦然後處于安逸之地則知小人之依而自放心不下不能不以憂勤為心矣所謂三宗舊為小人作其即位而知小人之依者是也小人則不然其父母嘗勤

勞稼穡其子未嘗涉歷艱苦而乃處安逸之地宜其縱誕無所不至自時厥後立王生則逸不知稼穡艱難不聞小人之勞而惟耽樂之從者是也傳以以勤居逸以逸為逸釋殊不可曉

自時厥後

人雖至愚亦知耽樂能損壽惟沈酗于酒則收亂荒惑雖刀劍鼎鑊在前亦且不顧矣故周公特以此為言能不耽酒然後能所其無逸也

徽柔懿恭

徽柔懿恭與嚴恭寅畏寬裕溫柔聰明齊聖相類皆是以一字為義嚴恭寅畏是以四字形容其謹畏之心徽柔懿恭是以四字形容其和易之態而傅用呂氏之説專重柔恭而謂非柔懦之柔非足恭之恭作觀似可喜予細體認若不柔懦不足恭則有儼然而畏之之狀矣小民何由而近前鰥寡安得而相親文王和易之態又徽又柔又懿又恭藹然如慈母之于赤子所以懷保小

民而惠鮮鰥寡也

君奭

在今予小子旦非克有正迪惟前人光施于我沖子

此四句是一意皆周公自謙之辭上文言後嗣子孫遏佚前人光則隊失天命然今小子旦非能有所正救其君啟迪思惟前人之光以及我沖子是不能保其不過佚前人光也

　我聞在昔至多歷年所

歷言前代皆是有君而有臣所以能治致通于天治功形于國而國家長久者此其故也其虞夏姑勿論且以近代言之湯受命時則有伊尹佐之以格天太甲太戊則有保衡伊陟臣扈佐之以格帝有巫咸以乂王家在祖乙武丁則有巫賢甘盤以保乂有殷此所以殷能配天而多歷年所也曰格于皇天曰格于上帝曰乂王家曰保乂有殷皆錯宗成文其實一也王之德奔走先後

布宣德教使其德迪見冒聞于上帝而乍受有殷命也夫有德之人善必先知之不善必先知之在文王時殷雖未亡而已逆知其將亡矣在武王時則殷有覆滅矣故此四人暨武王誕將天威以伐殷

予往暨汝奭其濟

其者期必之辭未敢以為決然也言若游大川獨力豈能濟與汝召公同往庶幾其有濟耳

作汝民極

天子以身建極于上而謂三公為民極者何蓋論道經邦使天下君君臣臣父父子子者三公之責是亦所以為民極也偶王者上而天子次即三公相與共治天下蓋三公所以副貳天子如耦耕相似在亶秉兹大命如亶聰明之亶言的實如此夫天之大命無人焉以乘載之則墜地矣故偶王以乘此大命者公之責也夫謂之三公則位不可謂不尊欲其偶王以乘大命纘文王之德以承無窮之憂則責任不可謂不重武王命名公如

此公乃欲去獨不思念前人之言乎傳云在于相信如
車有馭非也
　亦罔不能厥初惟其終
兔台公圖功攸終未可委之而去也
　蔡仲之命
　　周公位冢宰
傳引吳氏云周公居攝于諒闇之時非有七年而後還
政之理康誥惟三月哉生魄周公初基作新大邑于東

國洛傳云周公攝政之七年三月而洛誥一篇終始見成王新即政之事如云王來自服于土中肇稱殷禮若彝及撫事如予篤叙乃正父罔不若予皆是教成王自出政布治即前此政自公出可知傳所引前後自相抵捂

皇天無親至終以困窮

一段絕與太甲篇相出入言天輔民懷即是克敬惟親懷于有仁之說為善而歸于治為惡而歸于亂即是與

治同道罔不興與亂同事罔不亡之說惟厥終終以不困不惟厥終終以困窮即是自周有終相亦惟終其後嗣王罔克有終相亦罔終之說吾意古文只是出于一手掇拾附會故自不覺犯重耳

懋乃攸績

懋乃攸績睦乃四鄰是本以蕃王室和兄弟康濟小民是由此出使般樂怠傲而當為者有所不為則無以治其國朝聘不時疆埸不戒而四鄰交侵則無以睦鄰如

此則自救之不給上焉何以能屏蔽王家次焉何以尊位重祿同好惡以燕及兄弟下焉何以輕徭薄賦安恤小民故二者乃其本也

率自中

率自中無作聰明亂舊章與詳乃視聽罔以側言改厥度相對言凡事皆有自然之中道汝但循其自然而行其所無事不須強作聰明妄為穿鑿取新出奇而亂舊章更予細視聽不可以一偏之言而輕改法度蓋大凡

有所作為苟非自出己見則是聽人說誘己見不可穿鑿人言不可輕信舊章法度不可輕易變改諸侯能謹守國家成憲人君安得不嘉美之傳以率自中一句為重而無作聰明對詳乃視聽于罔以側言改厥度一句偏枯而無所着且云度者吾身之法度不知吾身有何法度之可改

多方

洪惟圖天之命弗永寅念于祀

洪惟圖天之命弗永寅念于祀與上文不相蒙而與爾辟以爾多方大淫圖天之命屑有辭相類疑即指夏桀此處必有闕錯不可强通

惟聖罔念作狂惟狂克念作聖

聖者通明之謂作事無不中禮者是也狂者顛倒妄行昏昧于理者也聖而罔念是不用心思索則顛倒是非而與狂者無異矣非聖而罔念作狂乎狂者固顛倒妄行茍能思念則不復妄為而與聖者亦無異矣非狂而

克念可作聖乎傳云狂而克念則作聖之功知所向方聖而罔念未至于狂而狂之理在是是識聖狂形狀不透隔皮想像之言耳

惟我周王靈承于旅克堪用德惟典神天

君子先成民而後致力于神故民和而神降之福有明德以薦馨香則神歆其祀故善承其民克堪用德者可以為神之主民之所欲天必從之皇天無親惟德是輔故善承其民克堪用德者可以當天心天惟式教我用

休蓋亦因其材而篤焉天知文武有可為之資故陰有佐佑而扶持之使其德日盛而業日新天休滋至寖明寖昌然後一旦簡畀殷命而尹爾多方也民承其君而曰君承其民是謂民惟邦本雖賤而不忽所謂王司敬民者是也

我惟時其教告之至乃惟爾自速辜

與舜之庶頑讒說侯以明之否則威之相類皆是聖人不忍輕于棄人反覆教戒終于不改然後刑之蓋有不

得已焉耳

爾罔不克臬

臬當訓法官爾惟胥惟伯多正自是長民執法者豈有不識法度

爾乃自時洛邑尚永力畋爾田至有服在大僚

言爾能勤力農畝則天必憐汝而賜汝豐年我周亦須補不足助不給以大介賚汝若廸簡汝在于王庭爾能勤于所事則有服在大僚當升陟汝矣蓋居而安于農

業仕而勤其職業皆可以獲福也傳以大介賚爾連下
說不明
爾不克勸忱我命爾亦則惟不克享
不奉上命即是無君之心故云不享
立政
常伯常任準人
三宅即六卿之别號爾常伯即司徒六卿之中惟司徒
為親民之官常任則冢宰司馬宗伯司空皆是任事之

官國之大事在祀與戎祀與兵固事也司空亦名事官故此皆為任事之臣準人則司寇六卿位尊職重與人主共治天下故在王左右爲三宅繫天安危治亂綴衣虎賁給事左右者繫王躬之薰陶涵養故曰休茲而不可不以得人為憂也

文王惟克厥宅心乃克立茲常事司牧人以克俊有德

文王惟克厥宅心乃克立茲常事司牧人以克俊有德

此言文王明於知人而所用無非賢文王罔攸兼于庶言庶獄庶慎惟有司之牧夫是訓用違庶獄庶慎文王罔敢知于兹此言文王逸于得人故不須以身兼理庶事但是有司牧夫用命者賞不用命者罰而已至于庶獄庶慎則文王何敢與知焉夫君道逸臣道勞文王明于知人得賢者而委任之則可以優游無為而庶事自治矣何必以身兼之哉蓋其所操者不過黜陟之權而已舜命二十二人以任庶政自己惟三載一考績三考

而加以黜陟耳此所以得君道也然使知人無術而所用非人乃欲委任之專而不以身兼其事不可得已傳者以為任人之專尚不足以盡其旨

義德容德

義德能撥亂反正所以能成大功容德能兼總衆善所以能定大謀

克灼知厥若

灼知厥若是明察于未任之先丕乃俾亂勿有間之是

專篤于既任之後夫疑人勿任任人勿疑已無知人之明乃恃小人以伺察之果何由展布哉自一話一言我則惟能成德之彥以乂我受民與上文相我受民勿有間之相終始言委任之專篤但一開口必在于成德之彥如此方專使議論之間微有向背罅隙則讒邪得以乘間入之矣

其克詰爾戎兵至揚武王之大烈

陟禹迹者何巡守也天子之出必有兵衛六軍以隨之

方行天下徧歷四岳也整點軍衛廵行天下足以振曡姦宄坐消禍變所至之處足以見文王之耿光足以不墜武王之大烈蓋文王德光本自照臨四海而武王一戎衣有天下其烈莫盛焉使子孫不能保有其基業而為他人分裂之則藩垣之外皆他人地文王德光雖在彼而子孫無由覲見之武王辛苦成功者竟墜地而不振矣傳者不察其為廵守而云周公無故教成王點兵不知周官所謂周王撫萬邦廵侯甸四征弗庭綏厥兆

民六服羣辟罔不承德者即所以實此語也以此證之則舜陟方乃死為巡守而死無疑而傳以陟為升遐乃死者非矣

周官

撫萬邦

成王始親政故巡守而歸釐肅在朝之官此繼立政之後其巡守奉行周公誥戒兵方行天下之訓其董正治官也奉行周公立政三宅之語隱然相應

唐虞稽古

蓋自黃帝得六相設左右大監監萬國雲龍鳥火之號其來尚矣到堯舜時監前代沿革而總集大成故其法度體統森嚴周家内有百揆四岳百揆即九官也明王立政是總唐虞夏商之君言之言唐虞能使庶政和而萬國安夏商亦克用乂者蓋不恃其建官恃得人耳賢者能立政官不足恃也傳云不惟其官之多經無此意

今予小子祇勤于德夙夜不逮仰惟前代時若訓

迪厥官

蓋前代制治保邦者無他建官擇人以立政而已故予小子亦仰惟前代時若而訓迪厥官蓋天下之事非一人所能為也

立太師太傅太保至官不必備惟其人

三公為天子之師不親政事所職者坐而論道耳所論者何道即經綸邦國和調陰陽之道也夫邦國若此其大也要使之君君臣臣父父子子井然有條而不亂此

必有其道陰陽運行于天地之間而能使三光全寒暑平無慝陽伏陰以多變此亦必有其道是道也惟三公為能明達其所以然則使之論說于天子之前至于以其道見之施為則天子宰相之責也官不必備惟其人非其人之難得也以知道者之不可多得也六卿分任庶政一官不備則一政闕三公同論此道則得一知道者足矣否則雖多亦奚以為

三公燮理陰陽

燮理陰陽別無他道惟區處人事各得其宜則天地之氣自順故堯舜在上而天災滅熄庶徵太和有夏懋德而罔有天災考其所為不過咨四岳九官十二牧分任夫庶政使人人各遂其性而已初未嘗特設燮理陰陽之官亦未聞別有燮理陰陽之政太戊修德以彌桑穀之妖亦不過早朝晏罷弔死問生勤于政治而已然以道經邦乃所以燮理陰陽也故天災少見于治平之世而迭見于衰亂之時者以其所為有以召之也彼匹

夫銜寃猶足致三年之旱況政乖民困而千萬人詋詛歎恨豈不足以傷兩間之和今論者不察此徒曰吾能治一身之中和則心正氣順而天地自位萬物自育世寧有是理哉甚者災變之來則歸過于三位而策免之謂其燮理無狀夫論燮理之道者三公也而行燮理之政殆君相之責非盡三公所得為也使三公而無所建明則策免之誠不為過若其言之而不聽聽之而不行君相所為自有以召天變不知自反徒歸咎于三公豈

不過哉且後世三公居散地經邦之事全不干與而徒責其燮理陰陽其訛謬益甚矣

丙吉逢羣鬬死傷不問而問牛喘以為三公調陰陽職當憂不知當春而熱陰陽失序吉憂之當如何而調之邪夫治爭鬬固非宰相之職然使有司失職而死傷寃抑無所告訴其干陰陽之和不亦大可慮邪故為吉者治爭鬬則不可至戒飭有司審理寃濫不可不加之意也

三孤貳公弘化

三孤為三公之佐故曰貳公言其為三公副貳也弘化與經邦為對化者教化即所用以經邦者也寅亮天地與燮理陰陽為對亮者相也與惟亮天工之亮同謂補助其所不及也弼予一人弼者匡輔其不逮也此皆就行事上説與三公之職微有不同蓋三公長官三孤佐貳均此職也長官尊主張其事于上佐官卑身任其事于下是故三公經邦是運天下于掌上者三孤弘化則

是因其已成之化而推廣之耳三公燮理陰陽是範圍天地之化者三孤寅亮天地只是輔相其不及而已三公論道是教訓天子者三孤弼一人只是彌縫其闕失而已此所以為公孤之别

傳謂呂氏說謂陰陽之理恒而不變者為道天地之用運而無迹者為化牽强附會但圖對偶親切耳而不察實事不知天地之化運于無迹將使三公何如張而大之

三公上言立而下言官不必備惟其人而三孤六卿不言者蓋立凡例于前而後皆蒙其語耳傳者不察謂三公非始于此立為周家定制則始于此三孤六卿獨非為周家之制者乎何以不言立也夫立與建同建官惟賢豈亦必自武王設官而謂之建邪蓋立官建官設官皆恒言耳且三公必其人而不必備員三孤六卿獨可備員而非其人乎以此知特發例于此耳非專為三公言也

六卿侶九牧

六卿總治于内九牧親民于外六卿之職雖不同而其為民則一也冢宰均四海固所以治民司徒掌教以復民性宗伯掌禮以定民志司馬掌兵以衛民患司寇掌刑以詰民姦司空掌土以定民居以此侶九牧而九牧皆一一奉行于外則民自殷阜而化成矣君子先成民而後致力于神成之者治之養之教之無久闕之謂也

學古入官明于古道議事以制則參以時宜如此則博古通今而政無錯繆者矣其爾典常作之師欲其守常也無以利口亂厥官戒其好異也猶云罔以側言改厥度罔以辯言亂舊政皆為輕信他人之言耳傳云不可喋喋利口而紛亂之似以為自己利口非也

功崇惟志

建功業者在于志與勤而志勤必貴于果斷保祿位在于恭與儉而恭儉必貴于實德前是告之以建功業之

道後是語之以保祿位之方所謂後艱者非後患乃艱難而不易耳蓋天下之事乘其幾而為之則易為力後其時而為之則難為功

推賢讓能

一人推讓則衆人咸起而推遜所謂濟濟相讓而庶官和矣不然則人各有心其為乖戾甚矣政事安得歸于一而不雜哉

萬邦惟無斁

此一語不可解古文書屢言無斁如云朕承王之休無斁俾我有周無斁皆訓厭斁朕無斁于王周無斁于徽于皆可通訓至于戒飭百官而云以佑乃辟永康兆民萬邦惟無斁不成萬邦厭斁百官且惟之一字更不可通此古文闕漏處

君陳

爾其戒哉爾惟風下民惟草

傳引草上之風必偃非也蓋凡人未見聖則起慕慨想

惟恐不得見及其既見則怠惰因循亦不克由聖此凡人常情然在凡人則可在爾有所不可何也爾居民上而爲風民居爾下而爲草爾且如此民何則焉欲其所爲以凡人爲戒而自强于治必以周公爲法可也

出入自爾師虞

或廢或興莫不謀諸衆人而後蔽之于己所謂繹者再三反復思之不可造次剖决恐其有不周備此即所謂莫或不艱者也

從容以和

從容以和只是凡事無急迫當從容寛緩以和之蓋近民之法當如此耳否則急促躁暴强速化而民且無所措手足矣傳謂和不可一于和當從容以和之語不可通

殷民在辟予曰辟爾惟勿辟

殷民在辟在宥而惟厥中者言必審其當爾使其中辟則辟之中宥則宥之不中則否雖君言有所不可從也

下文辟以止辟乃辟此是中辟者辟之也三細不宥此
是不中宥者宜勿宥也

無忿疾于頑無求備于一夫

無忿疾于頑是有忌也無求備于一夫是有容也言各
有主盖事有當忌者有當容者傳謂忌猶堅制力蓄恢
乎其有容斯乃德之大意謂容勝于忌又分淺深似不
必如此未化者不可忿疾已化者不可求備且一味容
忌將去就其中有能修其職業修其行義者簡拔而登

之使彼有所慕焉則頑者有時而自化不修者有時而修矣

惟民生厚因物有遷違上所命從厥攸好

孩提之童皆知愛親及長皆知敬兄民生本厚也知誘物化然後百姓不親五品不遜者有之蓋因物有遷耳是以違上所命教令有所不行從厥攸好而放僻邪侈無所不為厥者其也指民而言自徇己所好耳以為從上所好者非也

爾克敬典在德至終有辭于永世

言臣能得所以化之之道而使人人向化易澆漓之俗而升為大道之世則我可膺受多福矣蓋天下治平者君之福也其爾之休終有辭于永世者擬議于將然之辭言民皆從化則爾臣亦何所不得乎治亦有無窮之聞故曰有辭于永世是臣之休也傳以為臣承其美者語意弗明

顧命

恐不獲誓言嗣

言恐一旦而死不得出誓言以屬托嗣子承繼之事

敬迓天威嗣守文武大訓

敬迓天威是敬天嗣守文武大訓是不敢背棄祖宗成

憲各有所指傳謂于天言威于文武言大訓非有二也

殊不可曉不成文武法度即天威乎

弘濟于艱難

王業以艱難成之亦必以艱難守之弘濟于艱難言守

成難必待諸臣與君共濟之也

　柔遠能邇安勸小大庶邦

此教以治人之道思夫人自亂于威儀則是教以修己之道

　敷重篾席敷重筍席

篾席筍席皆指其物名底席豐席獨不言其物蓋底席以其底而在下猶今以末職為底僚相似言其最下而著底也豐者言其高而在上未知何物為之傳謂底席

謂蒲席蒲草賤或者因此謂之底席至謂豐席為筍席則不應又自有筍席此為可疑要之今人言書多錯互見亦未可知

臨君周邦

臨君周邦不過為天子以蒞其民率循祖宗之大法變和天下以此對揚文武之光訓傳謂居大位由大法致大和率連三大字殊覺牽强無味

顧命一篇鋪叙始末宛如圖畫嘗謂今文書如禹貢洪

範顧命費誓條理曲折法度森嚴若有錯簡闕文則全
無可理會矣而此皆出于伏生口授先儒謂伏生耄不
曉鼂錯以意屬讀之此等豈鼂錯自能以意想像而言
之者乎故知衛宏之說蓋左袒古文而欲抑今文其言
決未可信
洪範中間似有錯簡
康王之誥
惟新陟王畢協賞罰至用敷遺後人休

蓋文武能受天命以有天下耳定天下致太平以遺後人者成王也其所以戡定者無他惟畢協賞罰而已蓋刑賞乃人君之大權使賞必當功而不僭刑必當罪而不濫則天下不勞而定矣

昔君文武丕平富至保乂王家

君之德用昭明于天下所謂彰信兆民即康誥所謂顯民者是也人臣保乂王家而用端命于上帝即是輔相其君扶持其國使治效上通于天即君奭所謂乃惟時

昭文王迪見冒聞于上帝之謂由此然後皇天用順文武之道而畀付以四方其與帝休天乃大命文王殪戎殷皆相出入故知用端命于上帝與用昭明于天下作對說而端命二字亦若活字猶云感格上帝相似傳云文武用受正命于天下而經文無受字其說未安

康王冕服

成王初立經三監之變王室幾危名公畢公故權一時之宜即正君臣之分使天下知所定而無疑繼世以正

大統天下之大義不可以更張廢吉凶不可亂孔子曰
羔裘玄冠不以弔則凶服亦不可為吉事也變服變禮
傳引蘇氏之說而槩呂陳氏之說皆有可取要之名公
酌禮之變而用之所以懲前之禍也

畢命

惟文武敷大德于天下

惟文王武王敷大德于天下用克受殷命此言得天下
之由惟周公左右先王至式化厥訓此言化殷之由既

歷三紀至予一人以寧此言殷民已化而天下治安矣道有升降至民間攸勸此言政事當隨時變遷今之世又非復周公初定殷民之時宜有旌別淑慝之政蓋殷民初定周公一味包涵鎮之以靜使久而自定到今則世變風移善者當賞惡者當懲宜有以少變其習俗矣

中畫郊圻慎固封守以康四海

蓋洛都乃京畿所在而與下都雒民相鄰故畢公一面旌別淑慝以化之一面固封守以防之聖人固恃德以

服人然亦未嘗不務備不虞故易有重門擊柝以待暴客又言王公設險以守其國否則疆埸不戒以啓戎心此誰之咎歟洛帝都也帝都一揺則四海相煽而受禍矣故云以康四海

邦之安危惟茲殷士

此與武王告康叔以乃服惟弘王應保殷民亦惟助王宅天命作新民之意同傳謂其不苟于小成非也昔者商奄構難四國動揺其後式化厥訓四方無虞邦之安

危固不在于殷士乎過之以剛則急疾而生變撫之以柔則又狎玩而肆侮惟不剛不柔而後可也

周公慎始君陳和中

周公克慎厥始君陳克和厥中皆見于己然惟公克成厥終是期望之于將然言此事非畢公不能終也蓋殷民難服繫天下安危繫人主憂樂使殷民從化則天下治安天下治安則災害不生禍亂不作外而四夷亦得以被其賜而一人固可以享其休故曰四夷咸賴予小

于永膺多福

欽若先王成烈以休于前政

言畢公當敬若文武之功毋墮周公君陳之政也

君牙

弘敷五典式和民則

此語以施教之方典即五常父子君臣是也則者父之慈子之孝之類是也以其常行而不可易則謂之典以其不可過不可不及則謂之則

爾身克正罔敢弗正民心罔中惟爾之中

此語以立教之本

夏暑雨

暑雨祁寒民胥怨咨其生之艱難如此為司徒者皆當閔之蓋司徒為親民之官凡制其田里教之樹畜皆司徒之職蓋民必飽煖然後能服從教化敷教特舉其重者言之耳觀周禮地官所職掌可見不然則公劉作室名司空宜也如何并名司徒欒盈過周為人所掠王使

司徒衛而出之境武王伐商有司徒與司馬司空自隨蓋謂之司徒政是重掌民徒起徒役皆屬之司徒

用奉若于先王對揚文武之光命

當作一句讀盡文謨武烈所以遺後者無不完爾但敬以明司徒之訓以教人能如先王所以對揚文武光命焉則可以追配前人矣蓋光命即謨烈也前王成康用爾祖父為司徒故能對揚文武光命而不墜其治民之法令汝能不失成康之意則與祖父無忝矣

乃惟由先正舊典時式民之治亂在茲

夫教化行而君君臣臣父父子子則天下治教化不明而君不君臣不臣父不父子不子則天下亂則民之治亂不在此而何在乎

呂刑

遏絕苗民無世在下

若止于竄其君不當稱民既云無世在下不當後求又有征苗之事以此見竄三苗者不但竄其君必并其民

而徙之故云分北三苗後來苗民被竄者皆改所事故禹貢云三苗丕敘而禹謨征苗一段此後人杜撰之辭非實事也

絕地天通

在天而神在地而民無相瀆亂則妖誕自息此固正人心急務然使常道不明為善者或不得免禍為惡者或苟免于刑而鰥寡屈抑無所告訴則民不能不訊詛于神故羣后之逮在下凡長民者明明棐常雖勢力單弱

之甚如鰥寡者其情亦得以上達而無復屈抑不伸之患則民又何苦而聽于神哉

德威惟畏德明惟明

明者彰其善威者懲其惡刑當其罪者謂之德威故人無不畏賞當其善者謂之德明故人無不明

伯夷降典折民惟刑

凡禮教與刑相表裏故司徒敷教亦必有刑以弼之伯夷降典以辨上下之分有不從者則以刑折之使其陵

僭者不得以自遂則其勢不得不折而入于禮也

士制百姓于刑之中以教祗德

三后成功民既殷阜然後使士師以不輕不重之刑以制之以教其敬德也蓋民未殷富時所謂救死不贍何暇治禮義其陷于刑戮者非民之罪也今導之而生養遂矣有不率教則不可無刑以糾之矣此是先教養而後刑罰

穆穆在上明明在下至率乂于民棐彝

君臣以身率之于上朝廷清明四方丕變矣然後明于刑之中者以治民而輔其常性彝即彝倫如糾之以不孝不弟之刑以驅而入于孝弟是即所謂秉彝也此是先德教而後刑戮之意又以見德化雖已興行而刑亦不可廢蓋非此無以弼教也

兩言刑之中者何蓋刑而失之重則傷于苛暴而民無所措手足失之輕則流于姑息而惡者無所懲惟酌其中則能使人畏服而不敢犯

惟克天德自作元命配享在下

諸家皆自典獄之人言之然謂之元命是國命與厥惟廢元命同謂之配享在下是又言人君享國與天相配與克配上帝配天其澤之意同蓋謂所用典獄之人能敬忌之至用刑悉無宽濫則是人君德與天合而自作元命猶云自貽哲命可以長治久安而配享在下矣此即司寇蘇公式敬爾由獄以長我王國之意耳

有邦有土告爾祥刑在今爾安百姓

有邦有土固常以安百姓為職果能擇人敬刑而審度其所逮及者是即所以為祥刑矣

兩造具備

兩造具備猶云原告被論干証悉完也師聽五辭猶今圍坐公同推問也

惟齊非齊有倫有要

言刑罰或輕或重以不齊齊之然其間自有倫理自有機要未嘗雜然而無統任意而為之進退也所謂權也

而實不離乎經焉

今天相民

今天相民猶云天佑下民相似作配在下言汝官伯族姓有邦有土皆配天在下以相民者也傳云天以刑相治斯民者非

民之亂罔不中聽獄之兩辭

亂者治也言治民之道無不中聽獄之兩辭無或私家于獄之兩辭盖單辭者只是一面辭惟當明清以聽之

兩辭則各執一說非單辭之比主于中以聽之未可有所偏主私家者偏有所主之謂也蓋以私意而主于原告則被告雖有理亦不肯聽矣主于被告則原告雖得實亦不肯信矣如此則安得為中獄貨非寶惟府辜功言鬻獄而得貨豈足以為寶不過聚蓄辜罪之顯迹耳他日受報將報以庶尤殆降之百殃也前言朕敬于刑後言永畏惟罰以刑罰對言而以敬畏互言也罰懲非死人極于病刑固當敬也罰獨不可畏乎非天不中以

下又申言報以庶尤之意言用刑失當者受報如此此豈天有不中而妄加人禍哉惟人在命只人自造命而有以致之耳猶云自貽哲命自作元命之意天之所罰者爲其不極庶民惟其罔有令政在于天下極即原于皇極之極不極庶民只是刑罰失中不協于極耳傳謂此章文多未詳以意逆志當如此釋之似得其旨

今往何監非德于民之中

此與今爾何監非時伯夷播刑之迪相似德即有德惟

刑之德中只是刑之中篇中中字不一皆是主刑言謂

為民所受之中恐未然

屬于五極

謂五刑各臻其極于事理無有少不當之謂

文侯之命

即我御事罔或耆壽俊在厥服

即就也言就我御事之中覩之無老成賢俊者任事予

又無能不過曰惟祖惟父其爾恤朕躬耳伊當訓爾蓋

朝無臣已無能自克惟外服諸侯庶幾能矜我爾其論畢氣弱有乞憐之狀其視康王初即位而求助諸侯羣臣其言豈不壯哉

用會紹乃辟

傳謂合之使不離繼之使不絕者何蓋平王失愛于父流離顛頓依托母家父死于寇國命中絕而文侯能合之繼之也

賁誓

徂兹淮夷徐戎並興

徂往當從孔氏言令往伐此戎夷爲是孔氏謂戎夷帝王羈縻故錯舉九州之内竊意古者天下初聞禮義之風未能悉徧凡無禮無義者輒以戎夷目之而有禮義者輒謂爲華夏非必四海九州之外而後爲戎夷也故五服之制則蠻夷在要荒之地然以周時考之太原有白狄徐州有淮夷徐戎齊有萊夷伊川有陸渾之戎而吳楚大國皆擯以夷狄是又非必皆在要荒之地也臯

陶以刑制蠻夷猾夏只是無禮義而侵亂禮教者輒刑之而傳者不察遂妄謂皐陶掌兵不知彼時蠻夷與中國之俗雜處何待于兵革豈如後世遣大將伐四夷之謂乎

此書得之西皐王氏寫者甚草草而其末尤甚當時恐失其真輒以紙臨寫一本而以意正若干字畧可讀吁惜吾生之晚不得摳衣于耕野之堂也梅幼和鶵云

讀書管見卷下

總校官候補知府臣葉佩蓀
校對官編修臣錢樾
謄錄監生臣邢鳳竹

圖書在版編目（CIP）數據

讀書管見 / (元) 王充耘撰. — 北京：中國書店，2018.8
ISBN 978-7-5149-2025-3

Ⅰ. ①讀… Ⅱ. ①王… Ⅲ. ①中國歷史 – 商周時代②《尚書》– 研究 Ⅳ. ①K221.04

中國版本圖書館CIP數據核字(2018)第079377號

四庫全書·書類

讀書管見

作者　元·王充耘　撰
出版發行　中國書店
地址　北京市西城區琉璃廠東街一一五號
郵編　一〇〇〇五〇
印刷　山東汶上新華印刷有限公司
開本　730毫米×1130毫米　1/16
印張　16.5
版次　二〇一八年八月第一版第一次印刷
書號　ISBN 978-7-5149-2025-3
定價　五八　元